QUE SAIS-JE ?

La Cour de justice des Communautés européennes

JEAN-DENIS MOUTON

Professeur des Facultés de droit,
Directeur du Centre européen universitaire de Nancy

CHRISTOPHE SOULARD

Magistrat, Directeur du Centre européen de la Magistrature
et des professions juridiques (IEAP, Luxembourg),
ancien Lecteur d'arrêts à la CJCE

ISBN 2 13 049060 3

Dépôt légal — 1re édition : 1998, juillet

108, boulevard Saint-Germain, 75006 Paris

INTRODUCTION

Par un traité signé à Paris le 18 avril 1951, l'Allemagne, la France, l'Italie et les trois pays du Benelux instituèrent la Communauté européenne du charbon et de l'acier (CECA), dont l'objectif était de créer, pour ces deux produits, un marché commun où régneraient la libre circulation et la libre concurrence. Le 25 mars 1957, les mêmes États conclurent à Rome deux autres traités, par lesquels ils instituèrent respectivement la Communauté européenne de l'énergie atomique (CEEA) et la Communauté économique européenne (CEE). La première visait à développer une puissante industrie nucléaire dans le domaine civil. La seconde avait pour but l'établissement d'un marché dans lequel l'ensemble des facteurs de production (salariés, entreprises, services, marchandises, capitaux) circuleraient librement, où la libre concurrence serait assurée, et qui serait lui-même protégé de l'extérieur par l'établissement d'un tarif douanier commun. Le traité CEE prévoyait également des politiques sectorielles communes, notamment dans les domaines de l'agriculture, des transports et des relations commerciales avec les États tiers.

Pour réaliser ces objectifs, des organes furent créés, qui reçurent le pouvoir d'édicter des actes ayant une force obligatoire. Certains de ces actes s'adressent aux États membres, auxquels ils fixent des objectifs à atteindre, tout en leur laissant le choix des moyens. On les appelle « directives » dans les traités CEE et CEEA et

« recommandations » dans le traité CECA. Ce type d'actes est particulièrement adapté aux cas où les Communautés veulent coordonner les législations nationales relatives à un domaine donné sans aller jusqu'à prescrire des règles uniformes. D'autres actes ont une portée générale et sont directement applicables dans l'ensemble des États membres. Ce sont les règlements des traités CEE et CEEA et les recommandations générales du traité CECA. Ils s'apparentent aux lois et règlements nationaux. Enfin les Communautés peuvent adresser aux particuliers et aux entreprises des décisions individuelles et passer des conventions avec des États tiers ou des organisations internationales.

Les directives et les règlements sont en principe édictés par le Conseil, qui regroupe les représentants des États membres. Mais le Parlement européen intervient également dans l'élaboration de ces actes, suivant des modalités qui vont de la simple consultation à un véritable pouvoir de codécision. Dans tous les cas l'initiative revient à la Commission, laquelle est en outre chargée d'exécuter les normes générales établies par le Conseil et de veiller au respect des traités par les États membres et les particuliers. La Commission est un organe indépendant des États. Depuis 1967, le Conseil, le Parlement et la Commission sont communs aux trois Communautés.

Dès l'origine la CECA fut dotée d'une Cour de justice, chargée d'assurer « le respect du droit dans l'interprétation et l'application du (présent) traité et des règlements d'exécution ». Lors de l'élaboration des traités de Rome, il fut décidé qu'une seule juridiction existerait pour les trois Communautés et qu'elle porterait le nom de « Cour de justice des Communautés européennes » (CJCE). Cette Cour a son siège à Luxembourg.

Ainsi qu'on le verra, les compétences de la Cour de justice sont très larges et lui permettent de contrôler, par des procédures variées, que le droit issu des traités est respecté tant par les États membres que par les institutions communautaires et même par les particuliers. C'est que, dès le traité CECA, la Cour a été conçue suivant des principes différents de ceux qui régissent les juridictions internationales traditionnelles. Alors que ces dernières ne peuvent généralement être saisies qu'en vertu d'un accord des parties, la juridiction de la Cour de justice est obligatoire ; il faut entendre par là d'abord que les États peuvent être attraits devant elle contre leur gré. Par ailleurs, la juridiction communautaire est contraignante dans le sens que ses décisions s'imposent non seulement aux États membres mais dans les États membres ; ses jugements sont exécutoires dans l'ordre interne de ceux-ci. Enfin, la Cour ne se contente pas de trancher les différends qui opposent les États entre eux mais statue également sur certains litiges mettant aux prises un particulier et une institution communautaire ou un État et une institution communautaire ou encore deux institutions communautaires entre elles.

Mais l'originalité de la juridiction communautaire réside aussi dans son exclusivité ; cela signifie que les litiges pour lesquels elle est spécialement compétente sont soustraits à la compétence des juridictions nationales et que les États ne peuvent pas soumettre de tels litiges à d'autres juridictions.

Cette singularité et ce rôle éminent que les traités ont réservés à la Cour ont été renforcés par l'usage que cette dernière a su faire de ses compétences. Témoignant depuis l'origine d'un esprit volontariste comparable à celui qui animait les auteurs des traités, elle a, par une interprétation souvent audacieuse des textes, inséré le processus d'intégration économique dans un cadre juridique dynamique, à tel point qu'on peut, sans travestir la réalité, parler d' « Europe du droit ».

L'expression signifie d'abord que l'Europe communautaire se construit par le droit, puisque la Cour de justice, seule ou en coopération avec les juridictions nationales, impose à tous, et notamment aux États, le respect des objectifs fixés par les traités, dont elle donne par ailleurs une interprétation souvent extensive. De ce point de vue il est tout à fait impossible de comprendre le processus d'intégration européenne sans tenir compte du rôle déterminant qu'y joue la Cour de justice. Mais l'expression signifie également que les particuliers disposent, comme dans un « État de droit », de garanties juridictionnelles efficaces pour faire respecter les droits qu'ils tirent des textes communautaires. Le rôle de la Cour de justice est, à cet égard, d'autant plus important qu'il s'agit évidemment là d'un élément susceptible d'influencer considérablement la manière dont les citoyens perçoivent la construction européenne et la légitimité qu'ils lui accordent.

L'activisme de la Cour de justice a été, dans l'ensemble, bien accepté par les États membres, alors même qu'il aboutissait souvent à restreindre leur marge de manœuvre. Ces derniers lui ont même permis de se concentrer sur les tâches par lesquelles elle s'apparente aux juridictions suprêmes des États, à savoir l'interprétation uniforme du droit et le contrôle du bon fonctionnement des institutions, en lui adjoignant un Tribunal de première instance, qui la décharge de certaines tâches plus techniques.

L'idée n'est pas neuve puisque, dès 1974, la Cour avait suggéré qu'une juridiction fût spécialement créée pour les litiges qui opposent les agents des Communautés aux différentes institutions qui les emploient. Sa proposition ne fut pas immédiatement retenue, mais l'augmentation importante du nombre d'affaires et la difficulté où se trouvait la Cour d'y faire face à la fin des années 1970 la remirent à l'ordre du jour.

L'accroissement du contentieux n'était certes pas un phénomène nouveau, le nombre de cas introduits chaque année étant passé d'une moyenne de 51 entre 1960 et 1970 à 126 entre 1971 et 1977. Mais cette progression s'est ensuite accélérée, le nombre d'affaires nouvelles atteignant en moyenne 449 par an entre 1978 et 1984. Il en est résulté une augmentation du nombre d'affaires en attente, qui est passé de 265 à la fin de 1978 à 458 à la fin de 1984, tandis que, dans le même temps, la durée moyenne des procédures passait de six mois pour les recours préjudiciels et neuf mois pour les recours directs à respectivement quatorze et dix-sept mois.

Le contentieux de la fonction publique n'était pas la seule cause de cette augmentation puisque le nombre de recours introduits chaque année dans les autres domaines était passé de 33 pour la période 1960-1970 à 86 pour les années 1971-1978 et 184 pour 1979-1984. Aussi les États membres envisagèrent-ils une réforme qui allait largement au-delà de la création d'une juridiction spécialisée dans les affaires de fonctionnaires. En 1986, ils introduisirent dans les trois traités des dispositions permettant au Conseil, statuant à l'unanimité, sur demande de la Cour, d'adjoindre à cette dernière une juridiction chargée de connaître certaines catégories de recours formés par des personnes physiques ou morales ; ce qui fut fait le 24 octobre 1988.

Cependant, conformément à la demande de la Cour, les compétences de cette nouvelle juridiction furent d'abord limitées au contentieux de la fonction publique communautaire ainsi qu'aux recours des personnes physiques et morales relatifs au droit de la concurrence ou à l'application du traité CECA. Toutes ces affaires ont pour point commun de requérir un examen minutieux de faits souvent complexes (il n'est pas rare qu'un dossier de concurrence comprenne plus de 40 000 pages).

Par deux décisions en date respectivement des 8 juin 1993 et 7 mars 1994, la compétence du Tribunal fut étendue à l'ensemble des recours introduits par les personnes physiques et morales au titre des trois traités. Par ailleurs, le règlement du 20 décembre 1993, qui a institué le principe d'une marque communautaire, a rendu le Tribunal compétent pour annuler et réformer les décisions des chambres de recours chargées de trancher les litiges relatifs à l'enregistrement des marques. On estime généralement que, dans un proche avenir, ce contentieux devrait engendrer à lui seul plusieurs centaines d'affaires par an.

La Cour et le Conseil n'ont cependant pas profité de toutes les possibilités qui leur étaient offertes puisque les recours formés par les États et les institutions communautaires pourraient encore être transférés. En revanche les traités excluent que l'examen des questions préjudicielles soit confié au Tribunal. L'exigence d'uniformité dans l'interprétation du droit communautaire implique en effet que la Cour jouisse d'un monopole à cet égard. C'est au même souci que répond la possibilité, prévue par les traités, de former devant la Cour un pourvoi en droit contre tous les arrêts rendus par le Tribunal.

Quoi qu'il en soit, la tâche du Tribunal est déjà considérable, puisque 229 affaires (dont 98 concernaient des fonctionnaires) ont été introduites devant lui en 1996, tandis qu'il en a réglé 172. Environ 500 dossiers sont encore en instance.

On s'étonnera peut-être d'entendre parler ici des « Communautés européennes » et non de l'« Union européenne ». C'est que le traité de Maastricht, entré en vigueur le 11 novembre 1993, n'a pas fait disparaître les Communautés mais leur a seulement adjoint deux volets permettant aux États membres d'ébaucher une politique étrangère et de sécurité commune et de coopérer dans les domaines de la justice et des affaire intérieures. L'ensemble ainsi constitué forme l'Union européenne. Contrairement aux Communautés, cette entité politique est dépourvue de personnalité juridique.

Le traité de Maastricht a par ailleurs modifié de manière non négligeable les dispositions qui régissaient la CEE. Outre la mise en place d'une Union économique et monétaire comportant une monnaie unique, de nouvelles compétences ont été instaurées dans des domaines qui ne sont pas purement économiques : éducation, jeunesse, culture, santé publique, tandis que la notion de « citoyenneté de l'Union » a été introduite. Cette extension de compétences a justifié un changement de dénomination de cette Communauté, qui s'appelle désormais simplement « Communauté européenne » (CE).

En revanche, la Cour de justice a conservé le nom qui lui avait été attribué en 1957, d'autant que ses compétences n'ont pas fait l'objet d'une extension générale de principe au domaine de la politique étrangère et de sécurité commune, ni à celui de la justice et des affaires intérieures.

Pour autant la compétence de la Cour n'est pas strictement limitée aux activités des trois Communautés. Certaines conventions (ou protocoles annexés aux conventions) conclus par les États membres en dehors du cadre communautaire ont en effet confié à la Cour la mission de les interpréter à la demande des juridictions nationales. Tel est le cas de la Convention du 29 février 1968 sur la reconnaissance mutuelle des sociétés, de la Convention de Luxembourg, du 15 décembre 1975, relative au brevet communautaire, de la Convention de Rome, du 19 juin 1980, sur la loi applicable aux obligations contractuelles et surtout de la Convention de Bruxelles, du 27 septembre 1968, sur la compétence judiciaire et l'exécution des décisions en matière civile et commerciale. Cette dernière convention donne lieu à une jurisprudence relativement abondante puisqu'une centaine de décisions ont été rendues à ce titre.

Par ailleurs, l'article K, § 2, point *c*) du traité de Maastricht donne aux États membres la possibilité de rendre la Cour de justice compétente pour interpréter les conventions qu'ils sont susceptibles de conclure en matière de justice et d'affaires intérieures. Cette possibilité a été utilisée récemment à propos de la Convention Europol et de la Convention relative à la protection des intérêts financiers de la Communauté.

Les règles essentielles relatives à la compétence, à la composition et au fonctionnement de la Cour de justice et du Tribunal de première instance sont inscrites dans chacun des trois traités constitutifs des Communautés européennes. Des protocoles annexés à ces traités et ayant la même valeur juridique qu'eux ont par ailleurs établi, pour chaque Communauté, un statut de la Cour, qui précise et complète les règles contenues dans les traités. Enfin la Cour et le Tribunal ont établi chacun leur règlement de procédure, dont le contenu, approuvé par le Conseil, respecte obligatoirement les grandes lignes fixées dans les traités et les statuts.

Les règles relatives à la composition de la Cour et du Tribunal et au déroulement de la procédure sont pratiquement identiques pour les trois Communautés. En revanche les modalités applicables aux recours dont ces juridictions peuvent être saisies varient sensiblement suivant que l'on se trouve dans le cadre de la CE ou de la CEEA, d'une part, de la CECA de l'autre. Le but de cet ouvrage étant de présenter de manière concrète les aspects les plus importants des juridictions qui en forment l'objet et non pas d'offrir une analyse exhaustive des dispositions qui leur sont applicables, on passera sous silence les particularités propres à la CECA et à la CEEA, qui, prises ensemble, suscitent moins de 2 % du contentieux.

Ainsi qu'on l'a déjà relevé, la Cour de justice a joué un rôle fondamental dans la construction d'une Europe du droit. Cet aspect essentiel de son activité mérite qu'on y consacre des développements importants, qui seront regroupés dans le dernier chapitre de l'ouvrage. Mais auparavant, il convient de présenter l'institution en elle-même, dans sa structure bicéphale. La composition et l'organisation de la Cour et du Tribunal feront donc l'objet du premier chapitre, tandis que le deuxième sera consacré aux voies de recours par lesquelles ces deux juridictions peuvent être saisies. Il restera alors à décrire, dans un troisième chapitre, le cheminement de la procédure.

Chapitre I

COMPOSITION ET ORGANISATION

La qualité des décisions rendues par la Cour et le Tribunal de première instance dépend naturellement des critères qui président au choix de leurs membres, de la taille et du nombre des formations de jugement, mais aussi de l'efficacité des services juridiques et administratifs sur lesquels les juges et les avocats généraux peuvent s'appuyer.

I. — Les membres de la Cour

1. Conditions de désignation.

A) *Nombre.* — Depuis l'adhésion de l'Autriche, de la Finlande et de la Suède à l'Union européenne, la Cour de justice est « formée de quinze juges » et est « assistée de huit avocats généraux ». Cet effectif ayant jusqu'à présent toujours été fixé en considération du nombre des États membres, il n'a cessé d'augmenter au gré des élargissements successifs des Communautés. Le nombre de juges a toujours été égal à celui des États membres dans les périodes où ceux-ci étaient en nombre impair (c'est-à-dire entre 1973 et 1981 et depuis janvier 1995) et supérieur d'une unité dans les autres cas. Les décisions de la Cour étant prises à la majorité, il est en effet nécessaire qu'elle siège en nombre impair. Quant aux avocats généraux, leur nombre, qui avait d'abord été fixé à deux, a été porté à quatre à l'occasion de l'adhésion du Danemark, de l'Irlande et du Royaume-Uni en 1973, puis à cinq après l'adhésion de la Grèce en 1981 et à six lors de l'adhésion de l'Espagne et du Portugal. On peut donc constater que la proportion des avocats généraux par rapport aux juges n'a cessé d'augmenter depuis la création de la Cour.

B) *Procédure de désignation.* — Les juges et les avocats généraux sont « nommés d'un commun accord » par les gouvernements des États membres. Le choix de cette procédure et l'absence de conditions tenant à la nationalité répondent au souci d'éviter que les juges et les avocats généraux ne se conduisent en représentants de l'un ou l'autre État.

Dans la pratique, cependant, les gouvernements ont toujours entériné les propositions de nomination faites par chacun d'eux et ces propositions ont toujours porté sur des personnes ayant la nationalité du pays qui les présentait. La Cour a donc toujours compris au moins un ressortissant de chaque État membre parmi ses juges. Cette répartition présente l'avantage de conduire la Cour à tenir compte des conceptions fondamentales admises dans les différents États membres. Sa jurisprudence en est d'autant mieux acceptée. En elle-même la présence d'un juge de chaque nationalité est d'ailleurs susceptible de renforcer la légitimité de la Cour aux yeux des États membres. Ces considérations ne doivent pas être négligées dans le débat relatif au nombre idéal de juges.

En ce qui concerne le choix du juge supplémentaire, dont la présence peut être rendue nécessaire par l'existence d'un nombre pair d'États membres, il a été convenu entre les gouvernements que l'Italie, l'Allemagne, la France, l'Espagne et le Royaume-Uni se verraient reconnaître à tour de rôle le droit de proposer un deuxième juge pour la durée d'un seul mandat.

C'est également en vertu d'un simple accord entre les gouvernements que ces mêmes pays voient en permanence l'un de leurs ressortissants occuper un poste d'avocat général. Les autres pays pourvoient à tour de rôle les trois postes restants.

Les modalités de désignation des membres de la Cour font l'objet de débats, le Parlement européen souhaitant notamment pouvoir procéder à une audition des candidats, à l'instar du contrôle qu'exerce le sénat américain sur le choix des juges de la Cour suprême. Une telle procédure, qui pourrait conduire les candidats à devoir se prononcer par avance sur un certain nombre de questions contentieuses, ne paraît guère compatible avec les devoirs d'indépendance et de réserve qui s'imposent aux juges. Il est vrai que dans certains États, comme l'Allemagne, où les principales forces politiques se répartissent les postes à responsabilité, le mandat de juge ou d'avocat général à la Cour de justice est comptabilisé au même titre qu'un poste d'ambassadeur ou de Commissaire européen. La nomination a alors ouvertement un aspect politique, ce qui ne signifie évidemment pas que cette considération n'intervient pas dans les autres pays. Pour autant la prise en compte d'un critère politique lors de la nomination ne permet pas de prévoir avec certitude les positions qu'adoptera l'intéressé une fois nommé, ainsi qu'en témoigne le comportement très libéral qu'ont adopté certains juges de la Cour suprême des États-Unis, qui avaient pourtant été nommés par des présidents conservateurs. Mais on ne doit pas non plus oublier qu'il s'agissait de juges nommés à vie.

C) *Durée et renouvellement du mandat.* — Le mandat des membres de la Cour est d'une durée de six ans. Il est renouvelable. Un renouvellement partiel, portant alternativement sur huit et sept juges et sur quatre avocats généraux a lieu tous les trois ans, ce qui permet d'éviter des changements brutaux dans la composition de la Cour. Pour des raisons évidentes tenant à leur indépendance, les juges et avocats généraux ne peuvent être relevés de leurs fonctions en cours de mandat que dans le cas exceptionnel où ils cessent de répondre aux conditions requises ou de satisfaire aux obligations découlant de leur charge. La décision ne peut être prise qu'à l'unanimité des autres membres de la Cour. Cette hypothèse ne s'est encore jamais produite.

La durée relativement brève du mandat et son caractère renouvelable ne sont pas exempts de toute critique, surtout si l'on combine ces deux facteurs avec le fait que, dans la pratique, chaque État désigne « son » juge et « son » avocat général. L'indépendance du juge ou de l'avocat général qui arrive en fin de mandat et qui souhaite être renouvelé peut alors faire l'objet d'une suspicion, que ne suffit pas à écarter, dans le cas des juges, le principe du secret du délibéré. Même si une telle suspicion est certainement injustifiée, elle risque de porter atteinte à la légitimité de la Cour. C'est pourquoi certains ont proposé que les juges et les avocats généraux soient désignés pour une durée de neuf ans non renouvelable. Une telle solution offrirait en outre l'avantage de permettre une plus grande continuité de la jurisprudence.

D) *Qualification et origine professionnelle.* — Les membres de la Cour doivent être « choisis parmi des personnalités offrant toutes garanties d'indépendance, et qui réunissent les conditions requises pour l'exercice, dans leurs pays respectifs, des plus hautes fonctions juridictionnelles, ou qui sont des jurisconsultes possédant des compétences notoires ». Il est significatif que la première condition citée soit de nature morale. L'exigence relative à la compétence professionnelle des candidats est, quant à elle, formulée de manière alternative mais cette alternative concerne surtout les pays de *common law*, où une compétence juridique reconnue n'est pas suffisante pour prétendre accéder à de hautes fonctions juridictionnelles. C'est donc à titre de jurisconsultes que les universitaires de ces pays peuvent être nommés à la Cour, même si, en réalité, l'expression ne signifie à peu près rien au Royaume-Uni et en Irlande. En revanche, dans la plupart des autres pays, et notamment en France, les professeurs de droit peuvent postuler à des fonctions juridictionnelles, de sorte qu'ils remplissent la condition posée par la première branche de l'alternative.

Si l'on prend, à titre d'échantillon, les trente derniers membres qui ont été nommés, on peut constater que douze d'entre eux exerçaient auparavant des fonctions de juge national, un nombre équivalent était professeur de droit, deux étaient fonctionnaires du ministère de la Justice, trois autres avaient une activité politique et l'un était avocat. L'un des magistrats et l'un des professeurs avaient par ailleurs été respectivement membre et président de la cour constitutionnelle de leur pays. Cette répartition n'a pas un caractère rigide dans la mesure où la plupart des membres choisis parmi les magistrats ont, au cours de leur carrière, exercé des fonctions au ministère de la Justice et où certains des professeurs de droit ont acquis, à travers des activités de conseil, une expérience de praticien ou ont siégé dans des instances politiques. On peut relever par ailleurs que, parmi les juges qui composent cet échantillon, cinq d'entre eux ont été nommés alors qu'ils occupaient les fonctions d'avocat général et que deux d'entre eux étaient auparavant juge au Tribunal de première instance des Communautés européennes. Enfin, le juge finlandais était auparavant président de la Cour de l'Association européenne de libre échange, sorte de marché commun établi entre des pays d'Europe occidentale non membres de l'Union européenne.

Les deux premiers juges français ont été MM. Jacques Rueff (1952-1962) et Robert Lecourt (1962-1976). Le choix initial d'un économiste se justifiait par la nature du contentieux susceptible d'être soumis à ce qui n'était encore que la Cour CECA, dont le statut n'exigeait d'ailleurs nullement que ses membres eussent une qualification juridique. Quant à M. Lecourt, il alliait une expérience politique importante, acquise à travers des fonctions de ministre et de député, à la qualification juridique que lui conféraient sa profession d'avocat et la rédaction de divers ouvrages de droit.

Par la suite, la France a toujours désigné des magistrats. Le premier d'entre eux fut M. Robert Touffait, nommé en 1976 alors qu'il était procureur général de la Cour de cassation. En 1981, la France a choisi comme deuxième juge M. Fernand Grévisse, conseiller d'État, lequel a quitté ses fonctions en 1982, tandis que M. Touffait était remplacé par un autre conseiller d'État, M. Yves Galmot. M. Grévisse est revenu à la Cour après la fin du mandat de M. Galmot, en 1988. Il a été remplacé en 1994 par M. Puissochet, conseiller d'État, qui était alors directeur des Affaires juridiques au ministère des Affaires étrangères et avait antérieurement occupé notamment les fonctions de directeur général du service juridique du Conseil des Communautés européennes.

Selon une formule qui a toujours respecté la parité entre juges administratifs et judiciaires, les avocats généraux français furent tous des conseillers d'État (MM. Lagrange, Gand, Dutheillet de Lamothe, Mayras) jusqu'à la désignation, en 1981, de Mme Simone Rozès, qui était alors présidente du tribunal de grande instance de Paris et qui reste jusqu'à présent la seule femme à avoir été membre de la Cour. Mme Rozès ayant été nommée premier président de la Cour de cassation, elle fut remplacée en 1984 par M. Marco Darmon, également magistrat de l'ordre judiciaire et ancien directeur des Affaires civiles au ministère de la Justice, auquel succéda, en 1994, un autre magistrat de l'ordre judiciaire, M. Philippe Léger, qui était alors directeur de cabinet du ministre de la Justice et avait auparavant présidé le tribunal de grande instance de Bobigny.

La diversité des expériences professionnelles des membres de la Cour est incontestablement un atout pour une juridiction dont le rôle de créateur de normes est particulièrement important et qui, loin de s'appuyer seulement sur l'analyse des textes qu'elle est chargée d'interpréter et d'appliquer, prend en compte leur contexte politique et économique général ainsi que leur finalité.

2. **Statut et conditions matérielles.**

A) *Privilèges et immunités.* — Les droits et obligations qui constituent le statut des membres de la Cour ont été établis dans la perspective de leur assurer une disponibilité et une indépendance aussi grandes que possible. Contrairement, par exemple, aux membres de la Cour européenne des droits de l'homme, dont le mode de fonctionnement sera d'ailleurs prochainement modifié sur ce point, ceux de la Cour de justice exercent leurs fonctions à plein temps et ont l'obligation de résider au Luxembourg. Durant leur mandat, ils ne peuvent exercer aucune fonction politique ou administrative et, sauf dérogation accordée à titre exceptionnel par le Conseil, aucune activité professionnelle, rémunérée ou non. Avant leur installation ils prêtent serment d'exercer leurs fonctions « en pleine impartialité et en toute conscience et de ne rien divulguer du secret des délibérations », et prennent ensuite l'engagement solennel de « respecter, pendant la durée de leurs fonctions et après la cessation de celles-ci, les obligations découlant de leur charge, notamment les devoirs d'honnêteté et de délicatesse quant à l'acceptation, après cette cessation, de certaines fonctions ou de certains avantages ». En cas de doute la Cour tranche.

Par ailleurs, les membres de la Cour bénéficient de l'immunité de juridiction, ce qui signifie qu'ils ne peuvent faire l'objet d'aucune poursuite judiciaire. Pendant la durée de leur mandat cette immunité s'étend à tous leurs actes, y compris ceux qui relèvent de la vie privée. Après la cessation de leurs fonctions, elle ne couvre plus que les actes qu'ils ont accomplis en leur qualité officielle. L'immunité peut être levée par la Cour mais, dans ce cas, l'intéressé ne peut être jugé pénalement dans un État membre que par l'instance compétente pour juger les magistrats appartenant à la plus haute juridiction nationale.

L'indépendance des membres de la Cour par rapport aux autorités nationales est également assurée à travers un certain nombre de dispenses et facilités qui leur sont accordées. C'est ainsi que leur rémunération, indemnité et pension, dont le montant, identique à celui que perçoivent les membres de la Commission, est fixé par le Conseil des Communautés européennes, sont exemptes de tout impôt national. Cette rémunération est actuellement égale à 112,5 % du traitement le plus élevé qu'un fonctionnaire communautaire puisse percevoir, ce qui limite fortement le nombre de cas dans lesquels une personne pourrait être dissuadée, pour des motifs financiers, d'accepter d'être nommée au sein de cette juridiction.

B) *Cabinet.* — Chaque membre bénéficie de la collaboration de trois référendaires, de trois secrétaires et d'un chauffeur, qu'il choisit lui-même. Les référendaires apportent leur concours à la rédaction des arrêts, des rapports d'audience et, dans le cas des avocats généraux, des conclusions. Il s'agit généralement de juristes nationaux (magistrats, avocats, universitaires) et parfois de fonctionnaires des Communautés européennes, qui sont alors détachés auprès du membre de la Cour pour la durée de son mandat. La plupart des référendaires n'occupent cette fonction que pendant trois ou quatre ans mais d'autres restent beaucoup plus longtemps en place. Certains d'entre eux ont été nommés par la suite membre de la Cour ou du Tribunal de première instance.

3. **Le président.** — Les juges désignent parmi eux, à bulletin secret et à la majorité simple, le président de la Cour. Son mandat, d'une durée de trois ans, est renouvelable. A plusieurs reprises la Cour a émis le souhait que les avocats généraux, sans être eux-mêmes éligibles, participent également à cette désignation puisqu'ils ont les mêmes responsabilités que les juges en ce qui concerne les décisions d'ordre administratif et sont concernés de la même manière par le fonctionnement de l'institution. Cette proposition n'a, pour l'instant, pas été suivie d'effet.

Le président dirige les travaux et les services de la Cour et en préside les audiences plénières ainsi que les délibérations en chambre du conseil. Son rôle est donc à la fois administratif et juridictionnel. A ce dernier titre, il désigne le juge rapporteur de chaque affaire, fixe les dates et heures des séances de la Cour, ainsi que la date de présentation des rapports préalables. Il peut également prescrire des mesures provisoires sollicitées dans le cadre d'une affaire dont la Cour est saisie, ou décider de déférer la requête à cette dernière.

Quant à l'administration de la Cour, elle relève en principe de la compétence de ses membres, qui tiennent à cet effet une « réunion générale » hebdomadaire à laquelle assiste également le greffier. Cependant une assemblée de 25 personnes peut difficilement assurer une tâche qui requiert d'innombrables décisions, dont certaines d'une importance mineure. Aussi la Cour a-t-elle délégué une grande partie de ses compétences administratives à un comité composé du président et de six membres. Certaines tâches ont par ailleurs été confiées soit au président soit au greffier.

La composition du cabinet du président est la même que celle des autres membres de la Cour, à l'exception près qu'il comprend également deux lecteurs d'arrêts, dont la tâche est de faire aux juges, et notamment au juge rapporteur, des suggestions rédactionnelles destinées à garantir la cohérence du style.

Tous les présidents qui se sont succédé à la tête de la Cour ont accompli, à une exception près, plus d'un mandat. La présidence la plus longue fut celle du Français Robert Lecourt (1967-1976), dont le prédécesseur était un Luxembourgeois, M. Charles Hammes (1964-1967) et auquel succéda un Allemand, M. Hans Kutscher (1976-1980) puis un Belge, M. Josse Mertens de Wilmars (1980-1984), un Britannique, Lord Mackenzie Stuar (1984-1988), un Danois, M. Ole Due (1988-1994) et enfin un Espagnol, M. Gil Carlos Rodriguez Iglesias. Tous les présidents avaient auparavant été juge à la Cour pendant plusieurs années.

4. **Le greffier.** — Sans être, au sens strict du terme, un membre de la Cour, le greffier a le même statut que ces derniers, notamment en ce qui concerne les privilèges et immunités et l'obligation de résidence. Comme les juges et les avocats généraux, il prête serment d'exercer ses fonctions en pleine impartialité et en toute conscience et de ne pas divulguer le secret des délibérations, auxquelles, d'ailleurs, il n'assiste pas.

Le greffier est choisi par l'ensemble des avocats généraux et des juges pour une période de six ans renouvelable. Il ne peut être relevé de ses fonctions par la Cour que s'il ne répond plus aux conditions requises ou ne satisfait plus aux obligations découlant de sa charge.

Le rôle du greffier est à la fois juridictionnel et administratif. D'une part, il est responsable du bon déroulement de la procédure et notamment de l'enregistrement, de la transmission et de la conservation des pièces, ainsi que de la rédaction des procès-verbaux qui doivent être établis après chaque audience. D'autre part, il est le chef de l'administration de la Cour. A ce titre il assure l'exécution du budget et surveille le fonctionnement des services.

Le titulaire actuel du poste est un magistrat français, M. Roger Grass, qui, outre ses fonctions au sein de juridictions françaises et du ministère français de la Justice, avait auparavant exercé notamment celles de lecteur d'arrêts et de référendaire du président de la Cour.

II. — Les membres du Tribunal

Le Tribunal a toujours compris un nombre de juges égal à celui des États membres, ce qui, en pratique, permet à chacun d'entre eux de désigner l'un de ses ressortissants suivant une procédure identique à celle qui s'applique aux membres de la Cour. Le fait que les juges du Tribunal puissent se trouver en nombre pair présente peu d'inconvénient car ils siègent en principe en chambre. Les conditions relatives aux qualités exigées des candidats sont en revanche un peu différentes puisque le traité prévoit qu'ils doivent offrir « toutes les garanties d'indépendance et posséder la capacité requise pour l'exercice de fonctions juridictionnelles ». Cette formulation semble exclure qu'on puisse nommer au Tribunal des personnes qui ne sont pas juges ou susceptibles d'être nommés juges dans leur pays. Les gouvernements n'ont cependant pas suivi cette interprétation restrictive et, même si le Tribunal comprend davantage d'anciens juges nationaux que la Cour, près de la moitié de ses membres exerçaient auparavant leur activité au sein d'une université, d'un barreau ou d'un ministère. Le niveau des fonctions exercées antérieurement n'est pas non plus très différent de celui qu'on peut relever pour les membres de la Cour. En revanche, le Tribunal est plus ouvert aux femmes puisque deux d'entre elles y siègent déjà, qui furent proposées respectivement par la Suède et la Finlande. Ses membres sont également plus jeunes que ceux de la Cour puisque la moyenne d'âge des premiers est inférieure à 52 ans alors qu'elle s'élève à 60 ans pour les seconds.

Le premier juge français fut M. Jacques Biancarelli, maître des requêtes au Conseil d'État et ancien référendaire à la Cour de justice. Selon le même principe d'alternance que celui qui est appliqué à la Cour, il fut remplacé en 1995 par un magistrat de l'ordre judiciaire, M. André Potocki, lequel était alors conseiller à la cour d'appel de Paris et professeur associé de droit communautaire, et avait occupé précédemment les fonctions de chef du service des Affaires européennes et internationales au ministère de la Justice.

Le statut des membres du Tribunal est semblable à celui des membres de la Cour mais leur rémunération est un peu inférieure (104 % du traitement le plus élevé qu'un fonctionnaire communautaire puisse percevoir). Chacun des juges bénéficie de la collaboration de deux référendaires et de deux secrétaires. Les référendaires ont le même statut et, dans la pratique, le même profil que ceux de la Cour.

Les membres du Tribunal désignent son président pour un mandat de trois ans renouvelable.

Cette fonction fut occupée d'abord par un Portugais, M. José Luis da Cruz Vilaça, qui avait été précédemment avocat général à la Cour. En 1995, il fut remplacé par un Italien, M. Antonio Saggio, lequel était juge au Tribunal depuis la création de cette institution.

A la différence de ce que les traités ont prévu pour la Cour, le Tribunal ne comprend pas de membre affecté exclusivement aux fonctions d'avocat général. Cependant son président doit charger l'un des juges de remplir cette tâche, d'une part dans toutes les affaires qui sont examinées en formation plénière et, d'autre part, dans les cas où le Tribunal estime, à la demande de la chambre à laquelle l'affaire a été attribuée, que la difficulté en droit ou la complexité en fait qui s'attachent à celle-ci exigent l'assistance d'un avocat général. Le juge qui est ainsi appelé à exercer les fonctions d'avocat général dans une affaire ne peut pas participer au jugement de la même affaire. Mais, dans la pratique, il est extrêmement rare que le Tribunal soit assisté d'un avocat général.

Le Tribunal nomme son greffier pour une période de six ans renouvelable. Son statut est semblable à celui du greffier de la Cour.

Depuis la création du Tribunal, le poste est occupé par un Allemand, M. Hans Jung, ancien greffier adjoint de la Cour.

III. — Formation plénière et chambres

1. **Au sein de la Cour.** — Les affaires sont jugées soit par la Cour siégeant en séance plénière, soit par une chambre de trois ou de cinq juges. Les chambres ne sont pas spécialisées dans certaines matières. Lorsque la formation plénière est constituée par l'ensemble des juges, on l'appelle « grand plénum ». Cette hypothèse est toutefois exceptionnelle, la composition la plus courante étant le « petit plénum », c'est-à-dire une formation de neuf juges.

Le choix de la formation de jugement est effectué par la Cour elle-même, en fonction de la difficulté, de l'importance ou des circonstances particulières de l'affaire. Avant le traité de Maastricht, le jugement en séance plénière était obligatoire dans tous les cas où la Cour était saisie par un État membre ou une institution, ce qui recouvrait notamment les recours en manquement, dont un grand nombre ne présentent pourtant aucune difficulté. Cette contrainte a été supprimée afin d'alléger le travail de la Cour, mais les États et les institutions peuvent encore exiger qu'une affaire dans laquelle ils sont partie ou dans laquelle ils ont déposé des conclusions soit jugée par la formation plénière. Dans la pratique les affaires sont jugées en chambre lorsque les textes en cause sont clairs ou lorsque leur sens a été précisé par une jurisprudence bien établie. Pour des raisons politiques les recours en manquement et les recours qui tendent à mettre en cause la validité d'un texte communautaire ne sont pas attribués à des chambres à trois juges. Par suite des modifications procédurales mentionnées ci-dessus, le nombre d'arrêts rendus par les chambres a augmenté et représente aujourd'hui à peu près les deux tiers de l'ensemble.

Les juges et les avocats généraux ne peuvent participer au règlement d'aucune affaire dans laquelle ils sont antérieurement intervenus comme agent, conseil ou avocat de l'une des parties, ou sur laquelle ils ont été amenés à se prononcer comme membre d'un tribunal, d'une commission d'enquête ou à un autre titre. En revanche les parties ne peuvent jamais se fonder sur la nationalité des juges composant la formation de jugement pour en solliciter la modification.

2. **Au sein du Tribunal.** — Le principe est ici inverse à celui qui prévaut au sein de la Cour puisque les affaires sont normalement attribuées à une chambre à trois juges, qui peut être élargie à cinq juges. Lorsque la difficulté en droit ou l'importance de l'affaire ou des circonstances particulières le justifient, le Tribunal peut décider, à la demande de la chambre à laquelle l'affaire a été attribuée, que celle-ci sera jugée en formation plénière. Les règles rela-

tives au quorum et à la composition des chambres sont identiques à celles qui s'appliquent à la Cour et, pas plus que celles de la Cour, les chambres du Tribunal ne sont spécialisées.

Cependant le règlement de procédure du Tribunal prévoit que ce dernier doit fixer les critères qui commandent la répartition des affaires entre les chambres. En application de ce texte, il a été décidé que les affaires concernant les aides d'État et les mesures de défense commerciales seraient automatiquement confiées à des chambres à cinq juges et que la répartition entre les chambres de même importance (trois ou cinq juges) se ferait suivant l'ordre d'enregistrement des affaires au greffe. Ces dispositions sont inspirées du principe du «juge légal», auquel certains États membres sont très attachés. Elles ont pour but d'éviter tout risque d'arbitraire dans le choix de la formation de jugement.

IV. — **Les services de la Cour et du Tribunal**

Outre les services du personnel, de l'administration générale et des finances, que l'on rencontre dans toutes les institutions et notamment les institutions communautaires, la structure administrative de la Cour et du Tribunal de première instance comprend un certain nombre de services correspondant plus spécifiquement à leur fonction juridictionnelle. Ces services sont communs aux deux juridictions, chacune disposant cependant de son propre greffe. En principe les personnes qui travaillent dans ces différents services sont recrutées par concours et ont le statut de fonctionnaire communautaire. Certains départements, et notamment celui de la recherche et documentation et le service de l'information recourent cependant également à des agents temporaires. Au total l'effectif de l'ensemble des services de la Cour et du Tribunal s'élève à environ 1 000 personnes. Le budget global a atteint, pour 1997, 123 144 500 écus, soit un peu plus de 706 millions de francs.

1. **Les greffes.** — Le personnel des greffes a pour mission de veiller au bon déroulement de l'instance. Il s'assure notamment que les différents documents produits sont conformes aux règles de procédure et se charge de les délivrer aux parties, ainsi que d'informer ces dernières des différentes décisions prises par la Cour ou le Tribunal. Ses fonctions sont donc analogues à celles que remplit le greffe d'une juridiction nationale. Cependant, pour tenir compte du multilinguisme propre à une juridiction internationale, la répartition des services obéit en partie à des critères de langue.

2. **La division « Recherche et documentation » et la bibliothèque.** — La division « Recherche et documentation » est composée d'une vingtaine de juristes choisis de telle manière qu'ils couvrent à eux tous l'ensemble des systèmes juridiques en vigueur dans les États membres.

Ils ont pour rôle d'assister la Cour et le Tribunal en établissant, à leur demande, des notes sur certaines questions de droit communautaire ou de droit comparé. Ils ont par ailleurs pour tâche de rédiger les sommaires des arrêts destinés à figurer dans le *Recueil des décisions de la Cour et du Tribunal* et de composer le répertoire de la jurisprudence, sorte de condensé de tous les arrêts rendus. Enfin, ils gèrent une base de données interne sur la jurisprudence de la Cour et alimentent la rubrique « jurisprudence » de la base de données informatique CELEX, laquelle est elle-même placée sous l'égide de l'Office des publications des Communautés européennes et contient l'ensemble de la législation communautaire et des actes préparatoires, les arrêts de la Cour et du Tribunal, les questions parlementaires et les dispositions nationales d'exécution des directives.

La Cour dispose d'une bibliothèque particulièrement riche puisqu'elle comprend environ 120 000 livres portant aussi bien sur le droit communautaire que sur le droit des États membres et de certains pays tiers, notamment les États-Unis. On y trouve en outre environ 500 périodiques en provenance de tous les pays. Les services de la bibliothèque établissent régulièrement une bibliographie précieuse sur l'intégration européenne. Cette bibliothèque est accessible au public et particulièrement aux universitaires mais ses locaux sont relativement exigus et les places sont comptées.

3. **Les divisions de la traduction et de l'interprétation.** — Le multilinguisme pratiqué à la Cour et au Tribunal rend nécessaire la présence d'environ 330 « juristes-linguistes » chargés de traduire les différentes pièces des dossiers en fonction des exigences linguistiques posées par le règlement de procédure et de traduire les arrêts et les conclusions des avocats généraux dans les dix autres langues officielles des Communautés. C'est également ce service qui a assuré et continue d'assurer la traduction du *Recueil de jurisprudence* lors de l'adhésion de nouveaux États membres.

La Cour dispose également d'une quarantaine d'interprètes, qui assurent la traduction simultanée lors des audiences.

4. **Le service d'information.** — Ce service fournit des informations et des documents à la presse et aux différents milieux professionnels intéressés aux activités de la Cour et du Tribunal.

Il publie notamment un bulletin hebdomadaire intitulé *Les activités de la Cour et du Tribunal de première instance,* qu'il distribue gratuitement sur simple demande et dans lequel figurent les principaux extraits des décisions rendues peu de temps auparavant. Enfin, il organise les innombrables visites que les groupes les plus divers souhaitent effectuer au sein de ces deux juridictions et dont environ 10 000 personnes profitent chaque année.

Chapitre II

VOIES DE RECOURS

La Cour de justice et le Tribunal de première instance interprètent et appliquent le droit communautaire, c'est-à-dire les traités et les textes adoptés, en application de ces traités, par les institutions communautaires. Mais il s'agit là d'une tâche qu'ils partagent avec les juridictions des États membres car le fait qu'une juridiction nationale doive faire application d'une règle de droit communautaire pour trancher un litige dont elle est saisie, n'a pas pour conséquence de soustraire ce litige à sa compétence. Les juridictions nationales ont ainsi la mission générale de faire respecter le droit communautaire, comme elles ont celle d'appliquer le droit d'origine interne. Selon une expression consacrée, elles sont les juridictions de droit commun en matière communautaire. Cependant certains litiges leur échappent, qui ont été réservés à la Cour de justice et au Tribunal de première instance. Ces litiges étant limitativement énumérés par le traité, les juridictions nationales sont compétentes dans tous les autres cas. Ainsi peut-on dire que la Cour de justice et le Tribunal de première instance n'ont qu'une compétence d'attribution.

De manière générale, et à l'exception de certaines affaires relatives à l'exécution des contrats conclus par la Communauté, cette compétence s'exerce dans tous les cas où une institution communautaire est partie au litige. Dans les autres cas, et à l'exception rarissime des recours en manquement introduits par les États membres, les affaires sont jugées par les juridictions nationales. Ces dernières peuvent cependant interroger alors la Cour, à titre préjudicielle, sur l'interprétation ou, dans certains cas, la validité du texte communautaire qu'elles sont appelées à appliquer. Cette procédure préjudicielle se distingue donc des recours directs, c'est-à-dire des cas dans lesquels la Cour ou le Tribunal, saisis directement par le plaideur, jugent eux-mêmes l'affaire.

I. — Les recours dirigés contre les institutions communautaires

1. **Le recours en annulation.** — Le recours en annulation a pour objet de faire annuler un acte émanant d'une institution communautaire. Il doit être formé dans un délai de deux mois à compter, suivant le cas, de la publication de l'acte, de sa notification au requérant, ou, à défaut, du jour où ce dernier en a eu connaissance. En 1996, les recours en annulation ont représenté 8 % des affaires introduites devant la Cour et 39 % de celles dont a été saisi le Tribunal.

A) *Les actes attaquables.* — Selon l'article 173 du traité CE, un recours peut être formé contre les actes adoptés conjointement par le Parlement et le Conseil (c'est-à-dire ceux qui résultent de la procédure dite de « codécision »), contre les actes du Conseil, de la Commission et de la Banque centrale européenne, contre les actes du Parlement destinés à produire des effets juridiques vis-à-vis des tiers, et enfin contre les délibérations du conseil des gouverneurs et du conseil d'administration de la Banque européenne d'investissement. La Cour de justice y a ajouté les actes de la Cour des comptes.

Quelle que soit l'institution qui en est l'auteur, seuls sont attaquables les actes qui produisent des effets de droit en modifiant la situation juridique d'une personne. En principe il s'agit des règlements, des directives et des décisions. Cependant la Cour et le Tribunal ne se réfèrent jamais à la dénomination ou à la forme extérieure choisies par l'auteur de l'acte pour savoir si celui-ci est attaquable. Seuls importent son contenu et les effets qu'il est susceptible de produire, de sorte qu'un acte qui est qualifié par son auteur de « simple avis » ou d'« instructions internes de services » et qui n'est pas publié dans la partie du *Journal officiel* réservée aux actes décisoires peut néanmoins faire l'objet d'un recours en annulation si l'analyse de son contenu fait apparaître qu'il entraîne des effets juridiques obligatoires. Mais encore faut-il qu'il s'agisse d'effets définitifs, ce qui exclut les actes préparatoires, et que ces effets se produisent en dehors de la sphère administrative interne à la Communauté.

B) *Les personnes admises à former un recours.* — Les États membres, le Conseil et la Commission sont, selon l'expression consacrée, des « requérants privilégiés ». Ils peuvent en effet attaquer tout acte décisoire, qu'il soit de portée générale ou individuelle et qu'il leur soit ou non adressé, sans avoir à justifier d'un intérêt à agir. Un État peut même attaquer un acte du Conseil en faveur duquel son représentant a émis un vote positif.

Le Parlement européen occupe, quant à lui, une place un peu particulière. Dans l'arrêt du 22 mai 1990, Parlement c/ Conseil, dit « Tchernobyl » (aff. 70/88, *Rec.*, p. I-2041), la Cour lui a reconnu, malgré le silence des textes alors applicables, le droit de former un recours en annulation contre un acte du Conseil ou de la Commission, à la condition que ce recours ne tende qu'à la sauvegarde de ses prérogatives et qu'il ne se fonde que sur des moyens tirés de la violation de celles-ci. Cette décision était motivée par la considération que les prérogatives du Parlement sont l'un des éléments de l'équilibre institutionnel créé par les traités, dont la sauvegarde implique que chacune des institutions exerce ses compétences dans le respect de celles des autres, et que tout manquement à cette règle devait pouvoir être sanctionné. Cette jurisprudence a été entérinée par les auteurs du traité sur l'Union européenne, qui ont modifié en conséquence l'article 173 du traité CE.

La situation des particuliers, personnes physiques ou morales, est beaucoup moins favorable puisqu'ils ne peuvent, selon l'article 173 du traité, attaquer que les décisions dont ils sont destinataires ou les décisions qui, bien que prises sous l'apparence d'un règlement ou d'une décision adressée à une autre personne, les concernent directement et individuellement. Ce texte traduit la double volonté, d'une part, que les particuliers ne puissent pas attaquer les véritables règlements, c'est-à-dire les actes à caractère général et, d'autre part, que les institutions communautaires ne puissent pas, en camouflant une décision sous la forme d'un règlement, interdire aux particuliers d'en demander l'annulation.

La première condition (directement concerné) signifie soit qu'aucune mesure intermédiaire d'application prise au niveau national ou communautaire n'est venue s'interposer entre l'acte attaqué et le requérant, soit que l'auteur de cette mesure ne disposait d'aucune marge d'appréciation. Relève, par exemple, de ce dernier cas de figure, un règlement qui dispose que les États membres doivent délivrer des titres permettant l'importation de pommes de table en provenance de pays tiers à toute personne qui en fait la demande avant une certaine date.

Quant à la seconde condition (individuellement concerné), elle suppose, suivant une formule consacrée, que le requérant est atteint par l'acte en raison d'une situation de fait qui le caractérise par rapport à toute autre personne et qui l'individualise de manière analogue à celle d'un destinataire. Ainsi les actes qui instituent des droits antidumping grevant des produits originaires de certains pays tiers à la communauté se présentent comme des règlements s'appliquant à toute entreprise qui commercialise les produits en question. Mais, en réalité, ces règlements sont destinés à lutter contre des pratiques de dumping émanant d'entreprises bien spécifiques, dont le nom apparaît d'ailleurs généralement dans le texte et dans les actes préparatoires. Ils concernent donc individuellement ces entreprises.

C) *Les moyens du recours.* — Les motifs pour lesquels un acte communautaire peut être annulé sont expressément mentionnés à l'article 173.

En premier lieu figure l'incompétence, motif qui couvre le cas, plutôt rare, où un acte est pris dans un domaine qui ne relève pas de la compétence de la Communauté européenne et le cas, plus fréquent, où une institution communautaire empiète sur le domaine de compétence d'une autre institution. Dans la plupart des cas il est reproché à la Commission d'avoir outrepassé ses pouvoirs de simple exécution des règlements adoptés par le Conseil.

Le deuxième motif qui peut justifier une annulation est la violation d'une forme substantielle, c'est-à-dire une irrégularité qui, en affectant la forme de la décision ou la procédure suivie, porte atteinte aux droits des tiers ou des personnes visées par la décision ou est susceptible d'avoir une influence sur son contenu. Il peut s'agir, par exemple, d'un défaut de motivation, de l'absence de consultation d'un organisme dans une procédure prévoyant que son avis devait être recueilli, ou du non-respect des droits de la défense d'une personne contre laquelle est prise une mesure qui lui fait grief.

L'article 173 mentionne ensuite la violation du traité ou de toute règle de droit relative à son application.

Compte du caractère plus spécifique des autres motifs d'annulation, ce dernier vise en pratique les cas où c'est le contenu même de l'acte qui est illégal. On peut songer, par exemple, à un règlement qui viole le principe d'égalité en établissant des distinctions injustifiées entre certaines catégories d'administrés.

Enfin le détournement de pouvoir vise l'hypothèse dans laquelle l'institution use de ses pouvoirs dans un but autre que celui en vue duquel ils lui ont été confiés. Tel est le cas, notamment, lorsque la mesure a été adoptée dans le but de favoriser des intérêts privés.

D) *Les pouvoirs du juge et les effets de l'arrêt.* — La Cour et le Tribunal contrôlent si les faits sur lesquels s'est fondé l'auteur de l'acte sont exacts et ont été correctement qualifiés, si les motifs qu'il a retenus pouvaient légalement justifier cet acte et s'il y a adéquation entre l'objet de l'acte et les motifs retenus. Il existe cependant un certain nombre de domaines dans lesquels l'intervention des autorités communautaires repose sur l'analyse et l'appréciation de situations économiques complexes et où, pour cette raison, la Cour et le Tribunal n'exercent qu'un contrôle restreint sur le choix des mesures prises. Tel est le cas, notamment, de la politique agricole commune, des mesures d'exemption prises en matière de concurrence, de la validité de certaines aides étatiques ou de la nécessité d'engager une procédure antidumping. Toutefois, même lorsque les institutions communautaires disposent d'un tel pouvoir discrétionnaire, la mesure prise est toujours susceptible d'être annulée pour détournement de pouvoir. En outre, la limitation du contrôle au fond s'accompagne alors d'un renforcement du contrôle exercé sur le respect des règles procédurales, notamment les droits de la défense et l'obligation de motivation.

Lorsque le juge communautaire estime le recours fondé, il annule l'acte. Une annulation partielle peut être prononcée lorsque la partie de l'acte entachée d'illégalité est détachable du reste. Dans le cas particulier des recours formés contre des amendes infligées pour violation des règles de concurrence, le Tribunal peut se contenter de réduire l'amende s'il estime que son montant n'est pas en rapport avec la gravité de l'infraction.

L'arrêt prononçant l'annulation a, en principe, un effet rétroactif puisque l'acte est censé n'avoir jamais existé. Il incombe à l'institution qui l'avait adopté de replacer les intéressés dans l'état où ils se seraient trouvés en l'absence d'acte. Toutefois l'article 174 du traité permet à la Cour et au Tribunal d'indiquer ceux des effets d'un règlement annulé qui doivent être considérés comme définitifs. Cette faculté permet de limiter les perturbations que l'annulation d'un règlement est susceptible d'engendrer, notamment lorsque des engagements ont déjà été pris et des paiements effectués. Interprétant largement les pouvoirs qui lui sont ainsi conférés, la Cour de justice décide même parfois, dans le souci d'assurer la continuité du service public, que le règlement ou la directive qu'elle annule sera maintenu en vigueur jusqu'à son remplacement par un nouveau texte.

Quant au rejet du recours, il n'empêche pas qu'une nouvelle action soit formée ultérieurement, dès lors qu'elle est fondée sur d'autres moyens.

2. **L'exception d'illégalité.** — Selon l'article 184 du traité CE, « toute partie peut, à l'occasion d'un litige mettant en cause un règlement du Conseil ou de la Commission, se prévaloir des moyens prévus à l'article 173, pour invoquer devant la Cour de justice l'inapplicabilité de ce règlement ».

L'exception d'illégalité est ainsi une voie de recours incidente, qui se greffe nécessairement sur une autre procédure intentée devant la Cour de justice ou le Tribunal de première instance. Elle n'est soumise à aucune condition de délai. Sa raison d'être principale est de permettre aux particuliers, qui n'ont généralement pas le droit d'attaquer directement un règlement, d'en soulever l'illégalité à l'occasion d'un recours formé contre une décision individuelle prise sur la base de ce règlement. Néanmoins le texte de l'article 184 ne comporte aucune restriction à l'égard des États membres ou des institutions communautaires et la Cour de justice admet qu'ils puissent également invoquer l'exception d'illégalité, notamment lorsqu'ils forment un recours en annulation contre un règlement pris en application d'un autre règlement. Le fait qu'ils aient laissé passer le délai pour attaquer directement ce dernier est sans incidence. Il semble même que les États membres auxquels il est fait grief, dans le cadre d'un recours en manquement, d'avoir violé un règlement, puissent invoquer, pour leur défense, l'illégalité de ce règlement.

Lorsqu'elle est admise, l'exception d'illégalité a pour effet de faire aboutir le recours principal sur lequel elle est greffée. Ainsi la décision prise sur le fondement d'un règlement illégal est annulée. Par ailleurs l'auteur du règlement doit le retirer. Mais la constatation de l'illégalité du règlement n'a elle-même autorité de chose jugée qu'à l'égard des parties et ne peut être invoquée par un tiers.

3. **Le recours en carence.** — Prévu à l'article 175 du traité CE, le recours en carence a pour objet de faire constater l'illégalité d'une inaction du Conseil, de la Commission ou du Parlement européen. Lorsqu'il aboutit, l'institution en cause est tenue de prendre, dans un délai raisonnable, les mesures jugées obliga-

toires par la Cour de justice ou le Tribunal de première instance. Le recours en carence complète ainsi le recours en annulation puisque, prises ensemble, ces deux voies de droit permettent de mettre fin directement à un comportement illégal d'une institution communautaire, que ce comportement consiste en une action ou en une abstention. Aussi est-il naturel que le recours en carence ne puisse pas être utilisé pour remettre en cause des décisions déjà intervenues. Le refus, de la part d'une institution communautaire, de modifier ou de rapporter une décision existante ne saurait être regardé comme une carence mais constitue en lui-même une décision susceptible de faire l'objet d'un recours en annulation. Quinze recours en carence ont été introduits en 1996, qui furent tous portés devant le Tribunal.

Comme pour le recours en annulation, il convient de distinguer entre les requérants privilégiés (États membres et institutions communautaires) et les personnes physiques et morales ordinaires. Les premiers peuvent attaquer non seulement l'abstention de prendre des actes qui, s'ils étaient adoptés, auraient des effets juridiques, mais également l'abstention de prendre des actes qui n'auraient pas de tels effets si l'abstention crée par elle-même des effets juridiques. Tel est le cas, par exemple, lorsque l'acte sollicité constitue le préalable nécessaire au déroulement d'une procédure devant déboucher sur un acte juridique. Ainsi le Parlement peut former un recours en carence afin de voir sanctionner le fait que le Conseil omet de lui présenter un projet de budget, alors pourtant qu'un tel projet ne constitue qu'un acte préparatoire qui ne pourrait faire l'objet d'un recours en annulation.

En revanche, les personnes physiques ou morales ordinaires ne peuvent former un recours en carence que si l'institution en cause s'abstient d'adopter « un acte autre qu'une recommandation ou un avis » et si cet acte aurait dû être « adressé » au requérant. La Cour de justice considère que « la notion d'acte pouvant donner lieu à recours est identique dans les articles 173 et 175, les deux dispositions ne formant que l'expression d'une seule et même voie de droit ». Il en résulte que ne peut en principe faire l'objet d'un recours en carence que l'abstention de prendre un acte qui, s'il avait été adopté, aurait pu être attaqué par la voie d'un recours en annulation. C'est pourquoi, malgré la formulation restrictive de l'article 175, il est admis que les particuliers peuvent mettre en cause la carence d'une institution à adresser une décision à une autre personne, dès lors que cette décision les concernerait eux-mêmes directement et individuellement au sens de l'article 173 du traité CE.

Un recours en carence ne peut être formé que si le requérant a préalablement et de manière expresse invité l'institution concernée à agir en lui indiquant précisément le contenu de l'acte qu'elle devrait prendre et si l'institution n'a pas pris position dans un délai de deux mois à compter de cette invitation. Le recours doit être lui-même formé dans un nouveau délai de deux mois. Lorsque l'institution statue sur la demande qui lui est faite, mais dans un sens différent de celui souhaité par le demandeur, il faut considérer qu'elle a pris position et exclure en conséquence un recours en carence. Il en va de même lorsque l'institution refuse expressément de prendre la mesure sollicitée. Dans ces deux hypothèses la seule action qui puisse être intentée est un recours en annulation. Ainsi, lorsqu'une entreprise saisit la Commission pour lui faire constater qu'une aide publique accordée à une autre entreprise est incompatible avec le marché commun et pour l'inviter à engager en conséquence la procédure prévue par l'article 93, § 2, du traité CE, la réponse donnée par la Commission selon laquelle l'aide en cause n'est pas critiquable au regard des dispositions pertinentes du droit communautaire constitue non pas une abstention mais une prise de position susceptible de faire l'objet d'un recours en annulation.

4. **Le recours en responsabilité extra-contractuelle.** — L'article 178 du traité CE confère aux juridictions communautaires compétence exclusive pour connaître des recours tendant à mettre en cause la responsabilité non contractuelle de la Communauté. En ce qui concerne les conditions dans lesquelles de tels recours peuvent être exercés, il renvoie à l'article 215, deuxième alinéa, selon lequel « la Communauté doit réparer, conformément aux principes généraux communs aux droits des États membres, les dommages causés par ses institutions ou par ses agents dans l'exercice de leurs fonctions ». En 1996, le Tribunal a été saisi de 14 recours de cette nature.

Toute personne physique ou morale ou tout État qui s'estime victime d'un dommage causé par la Communauté peut saisir, suivant les cas, le Tribunal de première instance ou la Cour de justice, à moins qu'elle ne puisse en obtenir réparation devant une juridiction nationale. La possibilité d'un recours devant une juridiction nationale pour un dommage causé par une institution communautaire semble *a priori* paradoxale. Elle trouve son explication dans le système d'administration mixte qui régit la Communauté, selon lequel la plupart des réglementations communautaires sont mises en œuvre par les autorités nationales, qui sont ainsi amenées à percevoir, au nom de la Communauté, de nombreuses sommes d'argent versées par les particuliers ou les entreprises. Lorsque ces derniers estiment que le paiement qui leur a été réclamé était fondé sur un texte communautaire illégal, ils doivent en demander le remboursement auprès de l'administration qui l'a perçue et, en cas de contestation, s'adresser à la juridiction nationale compétente. Ce n'est que dans l'hypothèse où tout ou partie du dommage ne se confond pas avec le versement d'une somme d'argent à une administration nationale que la demande doit être formée devant le Tribunal de première instance.

Toute demande fondée sur l'article 178 doit être dirigée contre l'institution communautaire qui a provoqué le dommage, dans un délai de cinq ans à compter de sa réalisation. Il s'agit là, on le voit, d'un délai beaucoup plus long que celui auquel est soumis le recours en annulation. Afin d'éviter que les justiciables contournent ce dernier délai en réclamant, sous forme d'indemnité, ce qu'ils pourraient obtenir par la voie du recours en annulation, les juridictions communautaires considèrent que le recours en responsabilité est irrecevable lorsque le montant de l'indemnité réclamée correspond exactement à celui de droits qui ont été payés par le requérant en vertu d'une décision individuelle.

Le fait générateur de la responsabilité peut provenir d'une défaillance dans l'organisation ou le fonctionnement de l'administration communautaire : fourniture de faux renseignements à des opérateurs économiques, divulgation d'informations confidentielles, etc. Cependant, compte tenu de la nature des activités de la Communauté, il s'agit le plus souvent de l'adoption d'un texte illégal.

Lorsque ce texte a un caractère normatif qui implique des choix de politique économique, la responsabilité de la Communauté pour le préjudice que des particuliers auraient subi par l'effet de cet acte ne peut être engagée « qu'en présence d'une violation suffisamment caractérisée d'une règle supérieure de droit protégeant les particuliers ». Tel est le cas, par exemple, lorsque le texte viole le principe de la confiance légitime ou le principe de proportionnalité. En revanche, la violation d'une règle de forme, telle que l'obligation de consulter le Parlement européen, n'est pas susceptible d'engager la responsabilité de la Communauté car une telle règle n'a pas pour but de protéger les particuliers. Il doit s'agir en outre d'une violation suffisamment caractérisée, ce qui signifie que l'institution en cause a méconnu, de manière manifeste et grave, les limites qui s'imposent à l'exercice de ses pouvoirs.

S'inspirant des principes des droits nationaux relatifs à la responsabilité de l'État du fait de ses activités normatives, la Cour a posé cette condition dans le souci que l'activité réglementaire des institutions communautaires ne soit pas paralysée par la menace de voir leur responsabilité engagée à la moindre illégalité. C'est pourquoi elle ne l'applique pas seulement au cas des règlements adoptés dans le domaine de la politique économique au sens strict mais dans tous les cas (politique des transports, politique sociale, environnement, etc.) où le Conseil ou la Commission avaient le choix entre plusieurs voies pour réaliser un objectif communautaire. De fait il est extrêmement rare qu'un particulier puisse obtenir réparation d'un dommage causé par un règlement illégal. On peut se demander si le poids ainsi accordé respectivement aux intérêts des particuliers et à ceux de la Communauté n'aboutit pas à un déséquilibre au détriment des premiers.

Quoi qu'il en soit, la responsabilité de la Communauté n'est engagée que s'il existe un lien de causalité suffisant entre le dommage et l'action de la Communauté. Ainsi la Communauté peut être condamnée, à titre de dommages-intérêts, à verser une subvention qu'elle a supprimée illégalement, mais non à payer une indemnité pour la fermeture d'une usine qui serait consécutive à la suppression de la subvention. A cet égard une négligence imputable à la victime peut conduire la Cour à considérer que le dommage ne résulte pas directement du comportement de l'institution. Mais surtout la Cour admet difficilement que le dommage soit imputable à l'action de l'institution communautaire lorsque cette dernière est intervenue dans un processus national. Ainsi lorsqu'un dommage a été causé par une mesure nationale adoptée conformément à un avis donné par la Commission, la responsabilité de cette dernière ne peut être engagée que si l'avis s'imposait obligatoirement à l'autorité qui l'a reçu.

Pour être réparable, le dommage doit être certain mais il peut s'agir d'un préjudice futur, et notamment d'un manque à gagner. Généralement la Cour ou le Tribunal ne statue que sur le principe de la responsabilité et laisse aux parties le soin de s'entendre pour évaluer le montant de l'indemnité. Ce n'est qu'en cas de désaccord que la juridiction intervient à nouveau.

II. — Les recours dirigés contre les États membres (recours en manquement)

Destiné à assurer le respect, par les États membres, des obligations que leur impose l'appartenance aux Communautés, le recours en manquement revêt des traits qui le distinguent très nettement des règles jusqu'à présent admises en droit international classique, par le rôle déterminant qu'il réserve à la Commission, organe indépendant des États. Ces derniers ne sont d'ailleurs pas admis à recourir à un autre mode de règlement de leurs différends relatifs à l'application des traités communautaires. La procédure du recours en manquement est régie principalement par les articles 169 à 171 du traité CE, mais il existe également des procédures dérogatoires, dont la plus importante (et la seule à avoir jamais été utilisée) permet de édiatement son application et, le cas échéant, de rer le préjudice que celui-ci a pu occasionner. Au- de l'État mis en cause, les juridictions de l'en-ble des États membres doivent respecter l'interpréon du droit communautaire qui résulte des arrêts manquement.

Dans la pratique, la quasi-totalité des arrêts en nquement finissent par être exécutés, mais cette écution intervient souvent tardivement. Aussi les teurs du traité de Maastricht ont-ils modifié l'arcle 171 du traité CE afin de donner à la Cour de justice le pouvoir de condamner au paiement d'une omme forfaitaire ou d'une astreinte les États qui ne rennent pas, dans un certain délai, les mesures que nécessite l'exécution des arrêts en manquement. Cette condamnation ne peut intervenir qu'à la requête de la Commission, qui doit proposer elle-même le montant de la somme dont elle sollicite le paiement. Dans un souci de transparence et d'équité, la Commission a rendu publique la méthode qu'elle compte utiliser à cet égard. Cette méthode fait intervenir trois critères : la gravité de l'infraction, sa durée et les capacités financières du pays poursuivi. Deux recours ont d'ores et déjà été introduits dans ce cadre, respectivement contre l'Allemagne et l'Italie dans des affaires où il leur est reproché de ne pas avoir mis complètement en œuvre certaines directives relatives à la protection de l'environnement. Ils n'ont pas encore été jugés mais l'importance des sommes réclamées (264 000 écus, soit plus de 1,5 million de francs par jour contre l'Allemagne pour la seule directive sur la protection des eaux souterraines) montre que la Commission entend faire un usage dissuasif du nouvel article 171.

A tout stade de la procédure, la Commission est parfaitement libre de poursuivre ou non l'affaire. Ni le

poursuivre les États qui accordent aux entreprises des aides incompatibles avec les règles du marché commun (article 93-2 du traité). Les développements qui suivent ne concernent que la procédure prévue aux articles 169 à 171.

1. **La notion de manquement.** — Le recours en manquement permet de sanctionner non seulement la violation des règles du traité, mais également celles du droit dérivé : règlements, directives, décisions, accords internationaux conclus par les Communautés. La violation peut résulter d'un comportement positif de l'État, tel que l'adoption d'un texte contraire au droit communautaire, ou d'une abstention, par exemple le défaut de mise en œuvre d'une directive.

Le manquement résulte de la simple constatation objective de la contrariété avec le droit communautaire, sans que les circonstances qui entourent la violation puissent le faire disparaître. Peu importe notamment que la violation résulte d'une erreur commise de bonne foi ou que d'autres États ou une institution communautaire aient eux-mêmes manqué à certaines de leurs obligations. De même les États ne peuvent justifier le non-respect de leurs obligations en excipant de dispositions ou pratiques internes (par exemple le fait qu'une crise politique ou les lenteurs inhérentes à la procédure parlementaire aient empêché la mise en œuvre d'une directive dans les délais) ou de difficultés d'ordre économique ou social (par exemple les risques de grève que l'application d'un texte engendrerait).

Le comportement constitutif du manquement peut avoir pour auteur non seulement le gouvernement ou l'administration, mais également une société de droit privée dans le fonctionnement de laquelle l'État joue un rôle décisif, ou une autorité constitutionnellement indépendante, telle que le Parlement, ou encore une collectivité territoriale. Bien que la question n'ait jamais été tranchée par la Cour, il est hautement probable qu'une décision judiciaire pourrait également constituer un manquement. Cette conception extensive de la notion d'État se justifie aisément par le fait qu'il serait peu cohérent que l'existence d'un manquement dépende de la répartition des compétences internes à chaque État. Ainsi on ne saurait admettre que l'absence de mise en œuvre d'une directive constitue un manquement de la part des États dans lesquels cette tâche incombe au gouvernement mais non dans ceux où elle est du ressort du pouvoir législatif ou de la compétence des autorités régionales.

2. **La procédure de constatation du manquement.** — La Cour ne peut être saisie qu'à l'issue d'une phase précontentieuse, qui offre une chance de résoudre le différend par la seule confrontation des positions en présence. Cette procédure peut être introduite à l'initiative soit de la Commission, soit d'un État membre.

Les sources d'information qui permettent à la Commission d'avoir connaissance d'infractions sont nombreuses. Outre que la plupart des directives exigent des États membres qu'ils lui notifient les mesures qu'ils auront prises pour s'y conformer, la Commission obtient des informations par la presse, par les questions des membres du Parlement européen et les pétitions adressées à ce dernier et par les enquêtes qu'elle mène elle-même. Enfin, elle reçoit un nombre considérable de plaintes (13 000 en 1995) émanant de particuliers et d'entreprises.

Si, après examen du dossier, la Commission estime qu'une infraction peut être présumée, elle demande des explications à l'État concerné. Dans la plupart des cas, ces discussions informelles conduisent à un règlement de l'affaire. A défaut, la Commission envoie à l'État une lettre le mettant en demeure de présenter, dans un délai qui doit être raisonnable, ses

observations sur les faits qui lu
réponse ne satisfait pas la Con
alors à l'État un avis motivé, da
les raisons pour lesquelles elle es
quement et fixe un délai pour q
Plus des deux tiers des affaires res
réglées au stade de la mise en den
motivé. Si l'État ne s'exécute pas,
peut saisir la Cour par une requête
contenir d'autres griefs que ceux q
dans la lettre de mise en demeure et
Cette exigence découle logiquement du
lequel l'État poursuivi doit avoir été
s'expliquer, lors de la phase précontentie
les faits qui lui sont reprochés.

Pour apprécier l'existence du manquem
se place à la date d'expiration de l'avis mo
que l'État se soit exécuté entre cette date et
où la Cour statue n'empêche donc pas la co
du manquement. Cette constatation présente
un intérêt car elle pourra fonder ultérie
(devant les juridictions nationales) une action
ponsabilité contre l'État pour les dommages q
comportement a pu causer.

Si la Cour considère que le recours est fondé,
peut que rendre un arrêt déclaratoire, par leque
constate le manquement et laisse à l'État concer
soin d'en tirer les conséquences. En aucun cas la C
ne peut annuler elle-même les dispositions nation
en cause, ni même faire injonction à l'État d'adop
telle ou telle mesure concrète. Ce caractère déclaratoi
ne signifie pas cependant que l'arrêt soit dépourvu d
force obligatoire. Il s'impose, au contraire, non seulement aux autorités législative et réglementaire, auxquelles il incombe d'annuler l'acte incriminé, mais également aux juridictions, qui ont l'obligation d'écarter

États membres ni les particuliers ne peuvent la contraindre à entamer la phase précontentieuse ou à saisir la Cour, même lorsque le manquement paraît clairement établi. A l'inverse, la Commission n'a pas à justifier d'un intérêt à agir pour déclencher les poursuites. Notamment l'absence de préjudice résultant du manquement ne saurait constituer, pour l'État membre, un moyen de défense.

Dans la pratique, la politique de la Commission a connu une évolution. Alors que, jusqu'au milieu des années 1970, elle ne saisissait la Cour qu'exceptionnellement, de sorte que chaque affaire revêtait une signification politique, elle a ensuite exercé des poursuites systématiques, notamment dans tous les cas où les directives n'étaient pas mises en œuvre dans les délais. Le risque de banalisation qu'engendrait une telle politique et la difficulté d'assurer le suivi de chaque affaire l'ont conduite, ces dernières années, à se montrer à nouveau plus sélective, sans toutefois renouer avec la pratique des premières années. Notamment la Commission ne poursuit pas les manquements qui proviennent d'une mauvaise exécution d'une mesure nationale adoptée en application du droit communautaire, à moins qu'il ne s'agisse d'une situation généralisée ou qu'il apparaisse nécessaire de trancher une question de principe.

Un État membre peut également saisir la Cour d'un recours en manquement, mais seulement après avoir demandé à la Commission de rendre un avis motivé. Il est très rare, cependant, que les États utilisent cette voie de droit, qui les place en situation de confrontation directe avec leurs partenaires. Aussi la Cour n'a-t-elle rendu jusqu'à présent qu'un seul arrêt à l'initiative d'un État membre.

Au total les recours en manquement constituent environ 20 % des affaires examinées par la Cour. Les pays les plus fréquemment poursuivis sont l'Italie, la Belgique, la Grèce et la France. On relèvera avec intérêt que les pays qui le sont le plus rarement sont le Royaume-Uni et le Danemark, c'est-à-dire deux pays dans lesquels le Parlement donne des instructions précises et impératives aux membres du gouvernement qui sont chargés de négocier les règlements et les directives au sein du Conseil.

III. — Le renvoi préjudiciel

Les juridictions nationales ayant à appliquer des règles de droit communautaire dans un certain nombre de litiges dont elles sont saisies, le risque était grand de voir apparaître des divergences d'interprétation. Bien entendu ce risque existe également, à l'intérieur de chaque pays, pour l'application du droit d'origine interne. Mais dans le cas du droit communautaire, il est aggravé par le fait qu'il s'agit d'un droit nouveau, dont la logique n'est pas *a priori* familière aux juristes nationaux, qu'il est fondé sur des notions n'ayant pas toujours d'équivalent dans les États membres et qu'il est appelé à être appliqué par des juges baignant dans des cultures juridiques diverses. En outre ces derniers se réfèrent à des versions linguistiques différentes des textes, entre lesquelles il existe parfois des divergences.

Pour assurer l'uniformité d'interprétation du droit communautaire, les auteurs du traité n'ont pas retenu la formule, en vigueur dans chacun des États membres, d'une cour suprême placée au sommet d'une hiérarchie judiciaire. Ils ont préféré instituer un système de coopération, dans le cadre duquel la Cour de justice est consultée par les juridictions nationales lorsque ces dernières, ayant à appliquer une disposition de droit communautaire à un litige dont elles sont saisies, ont besoin de savoir si cette disposition est valide ou de voir préciser le sens qu'il convient de lui donner. Contrairement à une cour d'appel ou à une cour de cassation, la Cour de justice est saisie par la juridiction nationale, et non par les parties, et elle se prononce avant que le litige ne soit tranché au lieu de confirmer ou infirmer une décision déjà rendue.

La procédure préjudicielle est réglée par l'article 177 du traité CE. Une procédure analogue mais légèrement différente a été instituée par un protocole du 3 juin 1971 pour l'interprétation de la Convention de Bruxelles, du 27 septembre 1968. Cette convention, dont le principe est prévu à l'article 220 du traité CE et à laquelle adhèrent obligatoirement tous les États membres de l'Union européenne, a pour objet de fixer des règles de compétence juridictionnelle applicables aux litiges civils et commerciaux qui ont un caractère transfrontalier et de faciliter la reconnaissance et l'exécution des jugements et actes notariés dans les pays autres que ceux où ils ont été rendus. Un protocole aux effets presque identiques a été annexé à la Convention de Rome, du 19 juin 1980, sur la loi applicable aux obligations contractuelles, mais ce protocole n'est pas encore entré en vigueur.

1. **L'objet du renvoi.** — La procédure prévue à l'article 177 permet à la Cour d'interpréter ou d'apprécier la validité des actes adoptés par le Conseil, la Commission, le Parlement, la Cour des comptes ou la Banque centrale européenne, que ces actes aient ou non un effet obligatoire et qu'il s'agisse d'actes unilatéraux ou conventionnels. Ainsi les accords internationaux conclus par la Communauté et les décisions prises par les organes instaurés par de tels accords peuvent faire l'objet d'un renvoi préjudiciel. Les dispositions des traités et celles de la Convention de Bruxelles, ainsi que les arrêts déjà rendus par la Cour elle-même ne peuvent, quant à eux, faire l'objet que d'une demande d'interprétation.

La validité des textes communautaires est appréciée par la Cour au regard des mêmes moyens que ceux qui peuvent être invoqués dans le cadre d'un recours en annulation.

La notion d'interprétation est plus difficile à circonscrire car il s'agit d'une opération intimement liée à celle par laquelle le texte est appliqué. Toute application suppose une interprétation et toute interprétation se fait en fonction d'une ou de plusieurs applications actuelles ou virtuelles. Et pourtant il est important de bien distinguer les deux notions car la frontière qui les sépare est celle qui délimite les rôles respectifs de la Cour de justice et des juridictions nationales.

A cet égard deux impératifs s'imposent. D'une part, la Cour de justice doit se garder d'appliquer elle-même le texte qu'on lui demande d'interpréter. C'est pourquoi, par exemple, elle refuse de se prononcer sur la compatibilité d'une disposition nationale avec le droit communautaire. Cette tâche incombe au juge national, qui l'effectue en attribuant au texte communautaire le sens général qu'en a donné la Cour et qui tire lui-même les conséquences d'une éventuelle incompatibilité en écartant par exemple le texte national ou en ordonnant la restitution d'une somme versée en application du texte incompatible. Mais, d'autre part, la réponse de la Cour ne peut être utile au juge national que si elle est suffisamment précise et circonstanciée, c'est-à-dire si elle tient compte des faits de l'espèce et des textes nationaux en cause.

2. **L'auteur du renvoi.** — Seules les juridictions des États membres peuvent poser des questions préjudicielles. La notion de juridiction ne couvrant pas exactement les mêmes réalités d'un État membre à l'autre, la Cour de justice utilise sa propre définition, dont elle a donné les critères dans l'arrêt du 30 juin 1966, Vaassen-Göbbels (aff. 61/65, *Rec.*, p. 377). Les éléments caractéristiques d'une juridiction, au sens de l'ar-

ticle 177, sont l'origine légale, la permanence, l'existence de règles de procédure contradictoire analogues à celles qui régissent le fonctionnement des tribunaux de droit commun, le fait que l'organisme en cause soit investi d'une juridiction obligatoire pour certains litiges et enfin qu'il applique des règles de droit. Il n'est pas nécessaire que l'ensemble de ces critères soient remplis pour que l'on ait affaire à une juridiction, ceux-ci constituant davantage un faisceau d'indices qu'une définition exhaustive.

Cependant la Cour de justice a refusé la qualité de juridiction à un arbitre conventionnel auquel les parties n'étaient pas tenues de faire appel pour voir trancher leur litige, alors même que cet arbitre exerçait ses fonctions dans un cadre légal, qu'il se prononçait en appliquant le droit et que sa décision pouvait être revêtue de l'*exequatur* (arrêt du 23 mars 1982, Nordsee, aff. 102/81, *Rec.*, p. 1095). De manière moins surprenante, elle a appliqué la même solution au directeur des contributions qui se trouve saisi d'une réclamation formée contre une taxation établie par ses propres services, car la notion de juridiction ne peut s'appliquer qu'à un organe qui a la qualité de tiers par rapport aux faits litigieux (arrêt du 30 mars 1993, Corbiau, aff. C-24/92, *Rec.*, p. I-1277). Quant au ministère public, il ne saurait non plus être considéré comme une juridiction dès lors qu'il n'a a pas pour mission de statuer en toute indépendance pour trancher un litige mais seulement celle de le soumettre, le cas échéant, à la connaissance de la juridiction compétente (arrêt du 12 décembre 1996, X, aff. C-74/95 et C-129/95, non encore publié au *Recueil*).

Compte tenu des critères ainsi retenus, un organe peut être considéré comme une juridiction dans certaines de ses attributions et non dans d'autres. Ainsi le conseil d'un ordre professionnel est une juridiction lorsqu'il se prononce sur une sanction individuelle mais non lorsqu'il exerce des fonctions administratives telles que celle qui consiste à statuer sur une demande d'admission à un stage. Par ailleurs la Cour de justice accepte de répondre à des questions posées par des juridictions agissant dans le cadre de procédures sommaires, telles que le référé, ou de procédures non contradictoires, telles que l'injonction de payer, ainsi qu'aux questions émanant de juges d'instruction.

Le monopole et la liberté dont jouissent les juridictions nationales excluent que les parties posent elles-mêmes une question ou complètent une question posée par le juge. Dans la pratique, cependant, ce sont généralement les avocats qui soulèvent un moyen tiré de l'application du droit communautaire, qui démontrent la nécessité d'utiliser la procédure préjudicielle et qui, souvent même, suggèrent au juge la formulation de la question. Au surplus, bien que les parties n'aient aucunement le droit d'exiger que la Cour se prononce sur des moyens d'invalidité autres que ceux qui figurent dans la décision de renvoi, il arrive fréquemment que la Cour examine d'office les moyens soulevés dans les observations que les parties lui soumettent.

Il n'en demeure pas moins que ces dernières ne peuvent ni contraindre le juge à poser une question ni l'en empêcher et que le juge peut toujours poser une question d'office. Une règle de procédure interne qui aurait pour effet de limiter sa liberté à cet égard devrait être écartée (CJCE, 16 janvier 1974, Rheinmühlen, aff. 166/73, *Rec.*, p. 33).

Puisque seule la décision d'une juridiction nationale peut avoir pour effet de saisir la Cour, il est logique que cette dernière se considère comme dessaisie lorsque la décision de renvoi est réduite à néant par suite d'un recours interne ou lorsque le demandeur se désiste. Lorsque le recours a un caractère suspensif, la Cour suspend elle-même l'examen de l'affaire dans l'attente de la décision rendue sur recours.

La liberté de la juridiction nationale est cependant limitée lorsque ses décisions ne sont pas susceptibles d'un recours juridictionnel de droit interne. Dans une telle hypothèse, en effet, elle est tenue de saisir la Cour de justice si une question de droit communautaire se pose à elle. Cette disposition, qui figure dans l'article 177, vise principalement, mais non exclusivement, les juridictions suprêmes. La distinction ainsi établie entre les juridictions dont les décisions peuvent faire l'objet d'un recours et les autres permet à la fois d'éviter que la Cour de justice ne soit assaillie de questions et de préserver le principe de l'unité d'interprétation du droit communautaire, lequel n'est pas mis en cause par le caractère facultatif du renvoi opéré par les juridictions inférieures puisque ces dernières se conforment, en tout état de cause, à la jurisprudence de la cour suprême de leur pays.

La Cour de justice admet toutefois que l'obligation d'utiliser la procédure préjudicielle ne s'applique pas lorsqu'elle a déjà eu l'occasion d'interpréter la disposition en cause ou lorsque le sens de celle-ci s'impose avec une évidence telle qu'elle ne laisse place à aucun doute raisonnable. Avant d'estimer qu'il en va ainsi, le juge doit cependant tenir compte de la particularité du droit communautaire et, notamment, de l'existence d'une terminologie propre exprimée dans plusieurs versions linguistiques. Il doit également replacer la disposition en cause dans son contexte et l'examiner à la lumière de l'ensemble du droit communautaire, de ses finalités et de l'état de son évolution. Bref, il doit être « convaincu que la même évidence s'imposerait aux juridictions des autres États membres et à la Cour de justice » (arrêt du 6 octobre 1982, CILFIT, aff. 283/81, *Rec.*, p. 3415).

Il arrive malheureusement que des juridictions suprêmes statuent sans recourir à la procédure préjudicielle au motif que la disposition de droit communautaire leur paraît suffisamment claire, alors pourtant que l'interprétation qu'ils en donnent est contredite ultérieurement par la Cour de justice statuant dans le cadre d'une autre affaire. En France, ce grief peut notamment être fait au Conseil d'État, auquel il est généralement reproché de faire un usage abusif de sa « théorie de l'acte clair ». En dehors d'un recours en manquement, dont aucun n'a été, jusqu'à présent, mené à son terme, il n'existe aucun remède au refus d'utiliser la procédure préjudicielle.

Dans le cas particulier de la Convention de Bruxelles, seules les cours d'appel peuvent utiliser la procédure préjudicielle, le renvoi étant obligatoire pour les juridictions suprêmes (en France, la Cour de cassation et le Conseil d'État).

Aux hypothèses de renvoi obligatoire prévues par l'article 177, la Cour de justice a ajouté le cas dans lequel une juridiction, quelle qu'elle soit, a un doute sur la validité d'une disposition communautaire. Elle doit alors saisir la Cour de justice sans pouvoir jamais constater elle-même l'invalidité de la disposition (arrêt du 22 octobre 1987, Foto-Frost, aff. 314/85, *Rec.*, p. 4199). Cette jurisprudence, qui ne peut certainement pas s'appuyer sur les termes de l'article 177, a évidemment pour but d'éviter que des dispositions du droit communautaire puissent être considérées comme valides par certaines juridictions et non par d'autres. Cependant elle n'interdit pas à une juridiction nationale de constater elle-même la validité d'un texte communautaire ni d'accorder, dans l'attente de la réponse à une question préjudicielle, un sursis à l'exécution d'un acte administratif national pris sur la base d'un acte communautaire dont la validité lui paraît douteuse (arrêt du 21 février 1991, Zückerfabrik, aff. C-143/88 et C-92/89, *Rec.*, p. I-415).

3. **La formulation de la question.** — La Cour de justice n'est en mesure de donner une réponse précise et circonstanciée que si elle a connaissance des éléments de fait et de droit de l'affaire soumise au juge national et des préoccupations de ce dernier. C'est pourquoi la décision par laquelle il interroge la Cour,

bien que n'obéissant à aucune condition de forme particulière, doit être motivée et faire apparaître notamment les raisons pour lesquelles une réponse de la Cour est nécessaire à la solution du litige. Elle doit, en outre, être accompagnée du dossier complet de l'affaire. Alors que, jusqu'à ces dernières années, la Cour avait accepté presque systématiquement de répondre aux questions qui lui étaient posées en considérant que le juge national était seul en mesure d'en apprécier la pertinence, il lui arrive de plus en plus fréquemment de refuser de répondre à des questions imprécises, mal formulées ou dont l'utilité n'est pas clairement établie, du moins lorsqu'elles sont posées par des juridictions inférieures. De même, il lui arrive de considérer qu'elle est saisie de manière prématurée, notamment lorsque la juridiction n'a pas encore tranché les problèmes de fait ou de droit interne dont dépend l'éventuelle application du droit communautaire (pour un exemple en ce sens, voir arrêt du 16 juillet 1992, Meilicke, aff. C-83/91, *Rec.*, p. I-4871).

Cette rigueur n'empêche toutefois pas la Cour de reformuler très souvent les questions mal posées. Ainsi il lui arrive d'identifier elle-même, au vu du dossier, les dispositions de droit communautaire que le juge national devra appliquer, soit parce que la question est insuffisamment précise, soit parce qu'elle ne vise pas les bons textes. De même la Cour est très fréquemment amenée à transformer une question portant sur la compatibilité du droit national avec le droit communautaire en une question d'interprétation de ce dernier. Il lui arrive même de transformer une question d'interprétation en une question de validité ou d'apprécier la validité d'un texte au regard de moyens qui n'ont pas été invoqués par la juridiction nationale. Enfin elle modifie souvent l'ordre des questions, notamment lorsque la nécessité de répondre à certaines d'entre elles dépend de la réponse apportée à d'autres.

4. **Les effets des arrêts préjudiciels.** — L'interprétation ou l'appréciation de validité fournie par la Cour s'imposent évidemment à la juridiction qui a posé la question, ainsi qu'à toutes celles qui sont amenées, dans le cadre des voies de recours nationales, à statuer sur le même litige. Les unes et les autres peuvent néanmoins saisir à nouveau la Cour soit pour obtenir des éclaircissements sur l'arrêt rendu, soit pour lui soumettre de nouveaux arguments susceptibles de conduire à une réponse différente. Les demandes d'éclaircissement proviennent souvent des juridictions britanniques et allemandes, qui ont une certaine tendance à ne pas se satisfaire des réponses confuses ou imprécises que donne parfois la Cour. Les affaires relatives à l'ouverture des magasins le dimanche fournissent à cet égard un exemple significatif (voir l'arrêt du 16 décembre 1992, B & Q plc, aff. C-169/91, *Rec.*, p. I-6635).

Quant aux questions susceptibles de conduire à une solution nouvelle, elles concernent notamment les recours en appréciation de validité. En effet, un arrêt par lequel la Cour constate la validité d'une disposition communautaire ne signifie pas que cette disposition est désormais à l'abri de toute critique, mais seulement que les éléments qui ont été soumis à l'appréciation de la Cour ne sont pas de nature à affecter sa validité. La conclusion pourra donc être différente si de nouveaux motifs d'invalidité sont invoqués.

Les juridictions qui statuent sur d'autres litiges ne peuvent pas non plus retenir une autre interprétation que celle donnée dans un arrêt de la Cour. L'existence d'un tel arrêt a par ailleurs pour effet de supprimer l'obligation de saisir la Cour à laquelle sont astreintes les juridictions dont les décisions ne sont pas susceptibles de recours. Mais il est toujours loisible aux juridictions qui statuent sur un autre litige de saisir à nouveau la Cour lorsqu'elles estiment, même en l'absence d'éléments nouveaux, que cette dernière devrait adopter une autre position.

Enfin l'auteur d'un acte dont la Cour a constaté l'invalidité doit le modifier ou le rapporter et les autorités nationales chargées de l'appliquer doivent en tirer les conséquences en ce qui concerne les mesures nationales d'exécution.

En principe l'interprétation donnée par la Cour s'attache au texte depuis qu'il existe et s'applique en conséquence aux rapports juridiques nés avant l'arrêt. De même la disposition déclarée invalide par la Cour est censée l'avoir toujours été, de sorte, par exemple, que les sommes qui ont été payées sur son fondement doivent être remboursées. Ce caractère purement déclaratif des arrêts préjudiciels peut conduire à des perturbations importantes dans des rapports juridiques établis de bonne foi et parfois de longue date. C'est pourquoi, dans certains cas, la Cour se reconnaît le droit d'en limiter les effets.

Cette possibilité a été utilisée pour la première fois dans l'arrêt du 8 avril 1976, Defrenne II (aff. 43/75, *Rec.*, p. 455), dans lequel la Cour de justice a donné de l'article 119 du traité CEE, relatif à l'égalité de rémunération entre les hommes et les femmes, une interprétation conduisant à remettre en cause le système en vigueur dans la plupart des compagnies aériennes, où les réglementations nationales et les conventions collectives fixaient des montants différents pour les pensions des stewards et celles des hôtesses de l'air. Devant le risque que cette interprétation conduise à des bouleversements financiers pouvant se traduire, dans certains cas, par des faillites, et compte tenu de la bonne foi dont pouvaient se prévaloir les organismes payeurs, la Cour a considéré que l'effet direct de l'article 119 ne pourrait être invoqué à l'appui de revendications relatives à des périodes de rémunérations antérieures à la date de l'arrêt, sauf pour les travailleurs ayant déjà introduit un recours.

Pour des raisons similaires et par analogie avec l'article 174, deuxième alinéa, du traité CE, la Cour se reconnaît le droit de limiter l'effet rétroactif d'une déclaration d'invalidité.

5. **La place de la procédure préjudicielle dans le système des voies de recours.** — Le nombre de questions préjudicielles dont est saisie la Cour n'a cessé d'augmenter. Il s'est élevé en moyenne à 10 par an entre 1960 et 1970 pour atteindre 73 au cours de la décennie suivante, 130 entre 1981 et 1990 et 211 depuis. L'élargissement de la Communauté à de nouveaux membres n'est pas la seule cause de cette augmentation puisqu'on peut la constater au niveau de chaque État et notamment des États fondateurs. Parmi ces derniers, la propension à utiliser la procédure préjudicielle varie d'ailleurs considérablement d'un pays à l'autre. Ainsi les juridictions italiennes ont, dans l'ensemble, posé à peine plus de questions que les juridictions belges et moins que les juridictions néerlandaises, alors que la population de ces trois pays s'élève respectivement à 56 millions, 10 millions et 14 millions d'habitants. Quant aux juridictions françaises, elles ont posé un peu plus de questions que les juridictions italiennes, mais beaucoup moins que les juridictions allemandes.

En ce qui concerne les États plus récents, on peut constater que le nombre de questions posées dans les années qui suivent l'adhésion est réduit et augmente ensuite petit à petit. Mais les juridictions britanniques, et surtout espagnoles, continuent de poser moins de questions que les juridictions françaises. On doit toutefois remarquer que les juridictions autrichiennes avaient déjà posé six questions en 1996 alors qu'il a fallu attendre 1965 pour qu'une juridiction française utilise la procédure préjudicielle. Il est vrai qu'entre ces deux années, le champ d'application du droit communautaire s'est singulièrement élargi. Le recours au renvoi préjudiciel est loin d'être l'apanage des juridictions suprêmes puisque sur les 568 questions posées par les juridictions françaises depuis l'origine, la Cour de cassation n'en a posé que 55 et le Conseil d'État 12.

La création du Tribunal de première instance a naturellement eu pour effet d'accroître la part que les questions préjudicielles occupent dans l'ensemble des affaires soumises à la Cour. Cette part est ainsi passée de moins de 40 % à plus de 60 %.

Déchargée d'un certain nombre de recours directs, la Cour a pu faire face à l'augmentation du nombre des questions posées par les juridictions nationales, de sorte que la durée moyenne de traitement de ces affaires n'a pas augmenté. Elle se situe autour de dix-huit mois.

Au-delà de ces aspects quantitatifs, la procédure préjudicielle a occupé une place considérable dans le développement du droit communautaire. C'est en effet presque exclusivement dans ce cadre que la Cour de justice a rendu les arrêts fondateurs de l'ordre juridique communautaire, ainsi que ceux qui ont joué un rôle moteur dans la réalisation du marché intérieur (notamment par les conséquences qu'elle a tirées de la libre circulation des marchandises et des personnes) ou de certaines politiques telles que celle visant à assurer l'égalité entre les hommes et les femmes. En 1996, 10 % des arrêts préjudiciels ont porté sur ce dernier thème, tandis que 17 % concernaient la libre circulation des personnes, 7 % la libre circulation des marchandises et 8 % la protection de l'environnement et des consommateurs.

Du point de vue de la protection juridictionnelle des particuliers, le recours préjudiciel permet de limiter les effets des restrictions auxquelles est soumise l'utilisation du recours en annulation et du recours en manquement. La difficulté, pour une personne physique ou morale, d'attaquer directement un règlement communautaire, est compensée par la possibilité que, à l'occasion de son application par une juridiction nationale, cette dernière demande à la Cour de justice de se prononcer sur sa validité. De même le recours en interprétation peut constituer un remède à l'impossibilité dans laquelle se trouvent les particuliers de contraindre la Commission à engager une procédure en manquement. Saisie à titre préjudiciel, la Cour donne en principe aux dispositions de droit communautaire invoquées par les parties un sens suffisamment précis pour que la juridiction nationale en tire automatiquement les conséquences quant à la légalité des textes nationaux. A cet égard il est intéressant de relever que les trois quart des litiges dans lesquels une question préjudicielle est posée opposent un particulier à une autorité publique. Le bénéfice de cette procédure pour le particulier n'est pas seulement équivalent à celui qu'il tirerait d'un éventuel recours en manquement. Il est plus rapide et plus certain car l'effet des décisions des juridictions nationales est beaucoup plus immédiat que celui des arrêts en manquement.

IV. — **La compétence d'avis**

L'article 228, § 6, du traité CE donne au Conseil, à la Commission et aux États membres le droit de recueillir l'avis de la Cour sur la compatibilité, avec les dispositions du traité, d'un accord international que la Communauté envisage de conclure. La demande peut porter aussi bien sur la compatibilité du projet d'accord avec les règles de fond du traité que sur la compétence de la Communauté ou de l'une de ses institutions pour conclure l'accord. Si la Cour donne un avis négatif, l'accord ne peut entrer en vigueur qu'après révision du traité.

Cette procédure facultative de contrôle préventif est particulièrement utile s'agissant de textes qui, par définition, engagent la Communauté vis-à-vis d'un tiers et dont, pour cette raison, l'annulation *a posteriori* risque de soulever des problèmes. Pour autant, le fait que la Cour donne un avis positif n'a certainement pas pour effet d'exclure qu'un recours en annulation soit formé ultérieurement.

La procédure d'avis a été utilisée jusqu'à présent une dizaine de fois et a permis à la Cour de rendre certaines décisions très importantes, notamment en ce qui concerne les conséquences à tirer de l'autonomie du système juridique communautaire et du rôle dévolu à la Cour pour en assurer le respect (avis 1/91, du 14 décembre 1991, relatif à la création de l'Espace économique européen, *Rec.*, p. I-6079), la délimitation des compétences communautaires dans les domaines qui touchent à la politique commerciale (avis 1/94, du 15 novembre 1994, relatif à la conclusion de l'accord établissant l'Organisation mondiale du commerce, *Rec.*, p. I-5267) et à la politique sociale (avis 2/91, du 19 mars 1993, relatif à la convention n° 170 de l'Organisation internationale du travail concernant la sécurité dans l'utilisation des produits chimiques au travail) ou la compétence de la Communauté européenne pour adhérer à la Convention européenne des droits de l'homme (avis 2/94, du 28 mars 1996, non encore publié).

V. — Le contentieux de la fonction publique communautaire

Le Tribunal de première instance est seul compétent pour trancher les litiges entre la Communauté et ses agents, c'est-à-dire non seulement les fonctionnaires proprement dits mais également les agents temporaires et auxiliaires qui sont liés à la Communauté par un contrat, ainsi que les anciens fonctionnaires et anciens agents et les candidats à des concours de recrutement. Il y a là une nouvelle marque de l'influence du droit administratif français sur le système judiciaire communautaire, la tradition britannique étant plutôt de soustraire ce type de litige aux tribunaux, au profit d'instances arbitrales.

Une centaine de recours ont été introduits par des fonctionnaires en 1996, qui visent toutes sortes d'actes : sanctions disciplinaires, rapports de notation, décisions de jurys de concours, publications d'avis de vacance, refus d'accorder certaines prestations sociales ou certaines facilités destinées à l'exercice des libertés syndicales, etc. Dans le cadre de son contrôle, le Tribunal vérifie notamment que la décision attaquée a été suffisamment motivée, qu'elle n'est pas disproportionnée par rapport aux faits sur lesquels elle est fondée, qu'elle est conforme aux dispositions du statut des fonctionnaires communautaires, etc. Lorsque la requête est fondée, les pouvoirs du Tribunal sont importants puisqu'il peut aussi bien annuler la décision (l'administration devant alors en tirer toutes les conséquences) qu'allouer une indemnité à l'intéressé.

Chapitre III

RÈGLES DE PROCÉDURE

Toutes les procédures suivent un cheminement commun, même si certaines des étapes qui le jalonnent sont un peu différentes suivant que l'on se trouve dans le cadre d'un recours direct ou d'une question préjudicielle. Mais des incidents peuvent se produire en cours d'instance, qui en changent la physionomie, et une procédure incidente en référé peut venir se greffer sur une action principale. Enfin, il convient de tenir compte des recours dont peuvent être l'objet les décisions de la Cour et du Tribunal.

I. — Les règles applicables à toutes les instances

1. **La saisine de la Cour ou du Tribunal.** — En ce qui concerne les recours directs, la Cour ou le Tribunal sont saisis par une requête adressée au greffier. Celle-ci doit désigner l'État ou l'institution communautaire mis en cause, préciser l'objet du litige et contenir un exposé sommaire des moyens invoqués. Ces exigences sont imposées à peine d'irrecevabilité de la demande.

La requête est un acte déterminant pour la suite de la procédure car il est interdit au requérant de modifier ultérieurement l'objet de sa demande ou de produire des moyens nouveaux, à moins que ces derniers ne soient fondés sur des éléments de droit et de fait qui se sont révélés pendant la procédure écrite. Toutefois les moyens d'ordre public tels que l'incompétence ou la violation des formes substantielles peuvent être soulevés à tout moment et doivent même être relevés d'office par la Cour ou le Tribunal.

En matière préjudicielle la Cour est saisie par la question que lui transmet le greffe de la juridiction nationale.

Les questions préjudicielles, les requêtes introduisant des recours directs et les actes de procédure y afférent sont consignés au greffe, où ils peuvent être consultés par les personnes intéressées. Un numéro d'ordre est attribué à chaque affaire. Depuis la création du Tribunal, ce numéro est précédé de la lettre « C » pour les affaires de la Cour, et de la lettre « T » pour celles du Tribunal. Il est par ailleurs suivi de la lettre « R » lorsqu'il s'agit d'un référé et de la lettre « P » lorsqu'il s'agit d'un pourvoi. Toute requête ou question fait en outre l'objet d'un avis publié au *Journal officiel des Communautés,* qui permet notamment aux tiers qui souhaiteraient intervenir dans la cause, d'être informés de son existence.

Dès l'introduction de la requête ou la réception de la question préjudicielle, le président désigne un juge rapporteur, qui sera plus particulièrement chargé de suivre l'affaire. Il n'existe pas de spécialisation des juges, le critère de répartition étant seulement la charge de travail qui incombe déjà à chacun d'entre eux. Une règle non écrite exige cependant que le juge rapporteur n'ait pas la nationalité d'un pays impliqué dans l'affaire. Cette règle ne s'applique pas à l'avocat général, qui est désigné au même moment par le premier avocat général. Il s'agit d'ailleurs là de la seule tâche qui distingue le premier avocat général des autres avocats généraux. Elle est remplie à tour de rôle pendant un an par ces derniers. Pas plus que les juges, les avocats généraux ne sont spécialisés.

2. **La langue de procédure.** — La requête ou la question préjudicielle sont rédigées dans la langue qui constituera la « langue de procédure » propre à l'affaire. En matière préjudicielle, il s'agit de la langue normalement utilisée par la juridiction nationale. Dans les recours directs, le requérant peut choisir n'importe laquelle des onze langues officielles de l'Union. Toutefois, lorsque le défendeur est un État membre ou une personne physique ou morale ressortissant d'un État membre, la langue de procédure est nécessairement la langue officielle de cet État. Il en résulte que lorsque le demandeur est un particulier ou un État, il a toujours le choix de la langue puisqu'il agit nécessairement contre une institution communautaire (à l'exception rarissime des recours en manquement introduits par un État).

La langue de procédure doit être employée par les parties dans leurs mémoires et plaidoiries, ainsi que pour les pièces et documents qu'ils produisent, lesquels doivent donc, le cas échéant, faire l'objet d'une traduction. Toutefois les États membres peuvent utiliser leur propre langue officielle lorsqu'ils interviennent à un litige ou lorsqu'ils formulent des observations dans le cadre d'une procédure préjudicielle. Quant aux témoins qui déclarent ne pouvoir s'exprimer convenablement dans l'une des langues officielles, ils peuvent être autorisés à formuler leurs déclarations dans une autre langue. Enfin, lors de l'audience, les juges et les avocats généraux ont toujours la possibilité de poser leurs questions et, pour ces derniers, de prononcer leurs conclusions, dans une autre langue officielle. De fait, les avocats généraux rédigent et prononcent toujours leurs conclusions dans leur propre langue. De manière générale, les règles relatives à la langue de procédure ne sont pas d'ordre public et la Cour ou le Tribunal peuvent toujours autoriser l'emploi partiel ou total d'une autre langue officielle. Dans tous les cas où une langue autre que la langue de procédure est utilisée dans un écrit ou à l'oral, la traduction dans la langue de procédure est assurée par le greffe.

3. **La représentation des parties.** — Les États membres et les institutions communautaires sont représentés par un agent nommé pour chaque affaire, qui

peut être assisté d'un conseil ou d'un avocat. La pratique à cet égard varie d'un gouvernement à l'autre. La France et l'Italie font généralement appel aux fonctionnaires de la direction des Affaires juridiques du ministère des Affaires étrangères et l'Allemagne à ceux du très important département des Affaires européennes du ministère de l'Économie, tandis qu'il est fréquent que des avocats assistent les fonctionnaires du *Treasury Solicitor's Department* qui représentent le Royaume-Uni. Quant aux Conseil et à la Commission, ils sont représentés par des membres de leurs services juridiques respectifs, parfois assistés d'avocats et de fonctionnaires appartenant à des directions techniques.

Les autres parties doivent être représentées par un avocat inscrit au barreau d'un État membre ou par un professeur ressortissant d'un État membre où il est admis qu'il puisse plaider. Une exception propre aux procédures préjudicielles permet toutefois aux parties au principal d'être représentées par une personne autre qu'un avocat ou un professeur lorsque les règles applicables devant la juridiction nationale le leur permettent. Ainsi une personne en litige devant un tribunal d'instance français peut former elle-même des observations devant la Cour saisie d'une question préjudicielle ou s'y faire représenter par un salarié ou un membre de sa famille. Une telle pratique est cependant rare.

Il n'existe donc pas de barreau propre aux juridictions communautaires. Un certain nombre d'avocats se sont évidemment spécialisés dans cette partie du droit mais ils sont loin d'être les seuls à intervenir devant la Cour et le Tribunal, ne serait-ce que parce que, en matière préjudicielle, les parties au principal sont souvent représentées par l'avocat qui les défend devant la juridiction nationale.

4. **Les mémoires écrits.** — Lorsqu'il s'agit d'un recours direct, la requête est notifiée par le greffier au défendeur, qui dispose alors d'un délai d'un mois pour présenter un mémoire en défense, dans lequel il doit invoquer simultanément tous les moyens qui lui paraissent pertinents, qu'il s'agisse d'exceptions d'incompétence, de fins de non-recevoir ou de moyens de défense au fond. La règle relative à l'impossibilité de modifier par la suite les moyens invoqués est applicable également au mémoire en défense. Le demandeur peut répondre au mémoire en défense par une « réplique », à laquelle le défendeur pourra à son tour répondre par une « duplique ». Les délais de production de la réplique et de la duplique sont fixés par le président, qui peut les proroger, de même qu'il peut prolonger le délai d'un mois applicable au mémoire en défense.

Quant aux questions préjudicielles, elles sont traduites dans toutes les langues officielles puis communiquées aux parties au litige au principal, ainsi qu'à l'ensemble des États membres, à la Commission et, si le texte en cause émane du Conseil, à ce dernier. Tous ces destinataires disposent d'un délai de deux mois pour soumettre des observations écrites. Généralement la Commission et les parties au principal donnent leur opinion. Les États membres le font lorsqu'ils estiment que l'interprétation susceptible d'être donnée pourra conduire à mettre en cause la validité de l'une ou l'autre disposition de leur propre législation. L'Italie, l'Espagne, l'Allemagne et le Royaume-Uni se montrent particulièrement actifs à cet égard. Les observations écrites sont notifiées aux mêmes destinataires que la question.

5. **Le choix de la formation de jugement et les mesures d'instruction.** — Une fois les mémoires échan-

gés, le juge rapporteur présente un « rapport préalable », dans lequel il formule des propositions sur la question de savoir si l'affaire doit être jugée par une chambre ou par la formation plénière et s'il est nécessaire de poser des questions complémentaires aux parties ou de procéder à des mesures d'instruction. Ce rapport reste confidentiel. La Cour (incluant les avocats généraux) ou le Tribunal se prononcent sur les propositions qu'il contient après avoir entendu l'avocat général.

Au titre des mesures d'instruction, la Cour ou le Tribunal peuvent exiger la comparution personnelle des parties, demander des renseignements ou la production de documents, entendre des témoins, recourir à une expertise ou effectuer une descente sur les lieux. Lorsqu'il s'agit de l'une de ces trois dernières mesures, les parties doivent être préalablement entendues. Aucune mesure d'instruction n'est en principe ordonnée lorsqu'il s'agit d'une procédure préjudicielle puisque la Cour n'est pas alors chargée d'apprécier les faits de l'espèce. Au demeurant, même dans le cadre des autres recours, il est extrêmement rare qu'une mesure d'instruction soit ordonnée. Il s'agit alors le plus souvent d'une expertise. En revanche, la Cour n'hésite pas à poser de nombreuses questions écrites aux parties afin de leur faire préciser tel ou tel point de leurs conclusions. Le Tribunal a, quant à lui, introduit dans son règlement de procédure la possibilité d'interrompre le cours normal de l'instance pour tenter un règlement amiable du litige. En cas d'échec la discussion avec les parties peut permettre, à tout le moins, de leur faire préciser exactement l'objet de leur demande et les moyens qui la sous-tendent.

6. **L'audience de plaidoirie.** — Une fois l'instruction de l'affaire achevée, le juge rapporteur présente un « rapport d'audience », qui ouvre la phase orale de la procédure. Ce rapport contient l'exposé des faits, de la procédure écrite, du résultat des mesures d'instruction et des principaux moyens et arguments qui figurent dans les mémoires. Il est communiqué aux parties, lorsqu'il s'agit d'un recours direct, et aux personnes qui ont fait des observations dans le cadre des procédures préjudicielles. Tous peuvent demander à ce qu'il

soit modifié lorsqu'ils estiment qu'il comporte des oublis ou des inexactitudes.

Les débats ont lieu en principe au cours d'une audience publique, dont la date est arrêtée par le président. Le temps des plaidoiries est fixé à l'avance, en fonction des indications données par les conseils des parties. Les plaidoiries ne sont généralement pas très longues car elles sont destinées essentiellement à commenter et, éventuellement, compléter les mémoires, dont les juges ont déjà pris connaissance, notamment grâce au rapport d'audience. Le président de la formation de jugement n'hésite pas à interrompre un conseil qui dépasse le temps imparti.

À la suite des plaidoiries, les juges et l'avocat général posent généralement des questions aux conseils des parties afin d'éclaircir certains points douteux et d'apprécier la nécessité éventuelle d'une mesure d'instruction complémentaire.

7. **Les conclusions de l'avocat général.** — La procédure orale s'achève par la présentation des conclusions de l'avocat général lors d'une audience publique qui a lieu généralement quelques semaines après l'audience de plaidoirie. Le plus souvent, l'avocat général ne lit pas l'intégralité de ses conclusions mais se contente d'en communiquer le dispositif, la version écrite complète étant, en tout état de cause, à la disposition de tous.

Les avocats généraux ne constituent pas, au sein de la Cour, un ministère public. Leur rôle se compare plutôt à celui des commissaires du gouvernement devant les juridictions administratives françaises. Leurs conclusions ne traduisent que leur opinion personnelle, qu'ils émettent en toute indépendance en l'appuyant sur un examen en fait et en droit de l'affaire. Lorsque la solution qu'ils proposent n'est pas retenue par la Cour, leurs conclusions compensent en partie l'interdiction faite aux juges d'exprimer une opinion dissidente. Dans le cas contraire (qui est également le plus fréquent), elles éclairent l'arrêt, toujours plus concis.

Rédigées souvent de manière plus didactique que ces derniers, du fait qu'elles expriment la pensée d'une seule personne au lieu d'être le résultat d'un compromis, les conclusions des avocats généraux constituent, pour la doctrine et les praticiens, une source précieuse d'informations et de réflexion. D'une part, elles dressent un panorama complet de la jurisprudence des juridictions communautaires et, le cas échéant, nationales, relative à la matière sur laquelle l'affaire porte et font état des articles de doctrine les plus importants ; d'autre part, elles suggèrent une réponse à toutes les questions juridiques posées par le cas, alors qu'il est très fréquent que l'arrêt de la Cour ne traite que certaines d'entre elles, l'examen des autres étant rendu inutile par la réponse apportée aux premières (il en va ainsi, par exemple, lorsque la Cour considère que l'un des moyens invoqués à l'appui d'un recours en annulation est fondé). Mais surtout il arrive que la position exprimée par les avocats généraux devance celle qui sera ultérieurement adoptée par la Cour. Tel fut le cas, par exemple, pour l'admissibilité des recours en annulation formés par le Parlement européen. Dans d'autres cas la divergence subsiste. Ainsi la Cour n'admet pas, à l'heure actuelle, que les directives puissent avoir un effet direct horizontal malgré la position en sens contraire exprimée par plusieurs de ses avocats généraux.

8. **Le délibéré.** — Après les conclusions de l'avocat général, la Cour entreprend son délibéré, sans que les parties aient la possibilité de faire de nouvelles observations. Le délibéré est secret et se déroule en dehors de la présence de l'avocat général et du greffier. Y participent les juges qui ont assisté à la procédure orale. La pratique veut qu'il se déroule en français.

Le délibéré dure généralement plusieurs semaines. Il commence par une réunion au cours de laquelle les juges arrêtent la solution du litige. Le juge rapporteur soumet ensuite un projet d'arrêt, rédigé en français, que chaque juge commente soit par écrit soit oralement au cours d'une ou de plusieurs réunions. En cas de désaccord, l'arrêt est adopté à la majorité sans que le président de la formation dispose d'une voix prépondérante.

9. L'arrêt.

A) *La forme de l'arrêt.* — A l'origine les arrêts étaient rédigés sous forme d'« attendus » et comprenaient une partie « En fait » et une partie « En droit ». Cette rédaction a été abandonnée au profit d'un style direct et d'une unité de présentation. Seuls les faits et le cadre juridique du litige qui sont strictement nécessaires à la compréhension du raisonnement de la Cour ou du Tribunal sont décrits au début de l'arrêt. Figurent ensuite l'exposé des motifs qui sous-tendent la décision, puis le dispositif, c'est-à-dire la décision elle-même. Depuis quelque temps, la Cour se contente, dans certaines affaires, de motiver son arrêt par une référence aux conclusions de l'avocat général.

Le dispositif des arrêts préjudiciels est introduit par la formule « dit pour droit » ; dans les autres cas, la Cour ou le Tribunal « déclare et arrête ». Il se termine par une mention relative aux dépens. En effet, si les frais de fonctionnement de la Cour et du Tribunal sont pris en charge par le budget communautaire, en revanche les frais de déplacement et les honoraires dus aux témoins, aux experts et aux avocats sont supportés, en principe, par la partie perdante.

En matière préjudicielle, la Cour ne statue pas sur les dépens car, d'une part, les frais engagés par les États membres et les institutions communautaires ne sont pas récupérables et, d'autre part, les dépenses exposées par les parties au principal doivent être incluses dans les dépens sur lesquels statuera la juridiction nationale, la procédure devant la Cour n'ayant qu'un caractère incident.

B) *Le prononcé et la publication de l'arrêt.* — L'arrêt est rendu dans la langue de procédure, au cours d'une audience publique. En général seul le dispositif est lu à l'audience, tandis que des exemplaires ronéotypés du texte intégral sont mis à la disposition des personnes présentes. Le dispositif est ensuite publié dans toutes les versions linguistiques du *Journal officiel*.

Les arrêts et les conclusions des avocats généraux figurent par ailleurs *in extenso* dans le recueil de jurisprudence, dont il existe une version pour chaque langue officielle. Cependant la seule version qui fasse foi est celle de la langue de procédure et c'est donc à cette dernière qu'il convient de se référer en cas de divergence due à des erreurs de traduction.

Les arrêts de la Cour apparaissent, par ordre chronologique, dans la partie I, ceux du Tribunal dans la partie II. Tout arrêt est identifié par sa date, le nom des parties ou, s'il s'agit d'une affaire préjudicielle, le nom du demandeur dans l'affaire au principal (toutefois lorsque l'une des parties au principal est un organisme public, le nom de l'arrêt est celui de son adversaire), le numéro de l'affaire et le numéro de la page du recueil de jurisprudence de l'année de l'arrêt. La pagination du recueil est continue à l'intérieure d'une même partie et d'une même année, mais l'ensemble est divisé en différents tomes, dont chacun couvre une période d'un mois environ. Le dernier tome de chaque année contient des tables par noms de parties et par numéros d'affaires, qui permettent de retrouver facilement un arrêt dont on ne possède pas toutes les références. Une table analytique y figure également, dans laquelle chaque arrêt est classé en fonction du domaine auquel il se rapporte et des points de droit qu'il soulève. Cette dernière table, très rigoureuse et précise, est particulièrement utile pour tout universitaire ou praticien qui a besoin de connaître la position de la Cour et du Tribunal dans un domaine quelconque.

Par ailleurs la Cour publie un index alphabétique et numérique de toutes les affaires dont elle-même et le Tribunal ont été saisis depuis l'origine, ainsi que la liste des commentaires de la doctrine qui ont été écrits sur les différents arrêts.

Depuis le mois de janvier 1994, il a été décidé de ne plus inclure dans le recueil les rapports d'audience, lesquels continuent néanmoins de pouvoir être obtenus auprès du greffe, du moins dans la langue de procédure. Cette mesure a été prise dans le but d'alléger le travail de traduction et d'accélérer ainsi la parution du recueil. De fait le délai qui sépare la date de l'arrêt et sa publication dans toutes les versions linguistiques n'est plus aujourd'hui que de quelques mois, alors qu'il atteignait auparavant plusieurs années pour toutes les langues autres que le français. Quant aux arrêts du Tribunal rendus en matière de fonction publique, ils sont en principe publiés dans un recueil séparé et seulement dans la langue de procédure. Un résumé de chaque arrêt est toutefois disponible dans les autres langues. Seuls les arrêts présentant un intérêt particulier figurent dans le recueil général.

C) *Les effets de l'arrêt.* — Les arrêts ont force obligatoire à compter du jour de leur prononcé. Ceux qui emportent condamnation au paiement d'une somme d'argent à la charge d'une partie autre qu'un État membre ou une institution communautaire peuvent faire l'objet d'une exécution forcée sur le territoire des États membres selon les règles de procédure propres à l'État concerné.

II. — Incidents pouvant survenir au cours de l'instance

1. **Fins de non-recevoir et exceptions.** — Par dérogation à l'obligation normalement faite au défendeur de soulever simultanément tous les moyens qui lui paraissent pertinents, le règlement de procédure prévoit que ce dernier peut demander à la Cour ou au Tribunal de statuer sur une exception ou un incident sans engager le débat au fond. Cette faculté, qui ne concerne évidemment que les recours directs, offre l'avantage de dispenser le défendeur de répondre à tous les moyens de fond invoqués par son adversaire, alors que ceux-ci ne seront pas examinés par la juridiction s'il s'avère que la requête est irrecevable. Elle est le plus souvent utilisée par les institutions communautaires à l'occasion des recours formés par les particuliers contre les règlements.

Après avoir sollicité les observations de l'autre partie et entendu l'avocat général, la Cour ou le Tribunal décide soit de statuer séparément sur la demande, soit, plus fréquemment, de la joindre au fond. La jonction au fond est généralement motivée par le fait que les moyens invoqués à l'appui de la fin de non-recevoir sont peu convaincants ou que leur pertinence ne peut être appréciée indépendamment du fond. Si la Cour ou le Tribunal reconnaît le bien-fondé de la fin de non-recevoir, la procédure prend fin. Si, au contraire, il la rejette ou la joint au fond, le président fixe de nouveaux délais pour la poursuite de l'instance. Certains arrêts importants ont été rendus dans le cadre de cette procédure spéciale. Tel fut le cas, notamment, de celui par lequel la Cour de justice a admis pour la première fois le droit du Parlement européen à former un recours en annulation.

Par ailleurs, la Cour ou le Tribunal peut, à tout moment, examiner les fins de non-recevoir d'ordre public (par exemple le non-respect des délais de recours) après avoir donné aux parties l'occasion de s'expliquer oralement et avoir entendu l'avocat général. En présence d'une incompétence manifeste, la juridiction peut même déclarer la demande irrecevable sans entendre les parties et avant même que la requête soit transmise au défendeur. Cette possibilité est loin d'être inusitée.

2. **Interventions.** — L'intervention est destinée à permettre à un tiers dont les intérêts pourraient être affectés par un arrêt de faire valoir ses moyens avant que la décision ne soit prise. Il n'existe pas, en droit communautaire, une procédure d'intervention forcée. Ni la Cour ou le Tribunal ni les parties ne sont en droit d'appeler un tiers à l'instance. En revanche, l'intervention volontaire est possible. Contrairement aux personnes privées, les États membres et les institutions communautaires peuvent même user de cette faculté

sans avoir à démontrer l'existence d'un intérêt à agir et, de fait, il est très fréquent qu'un ou plusieurs États interviennent dans les procédures en manquement ou en annulation pour soutenir soit un autre État soit une institution communautaire.

L'intervenant, quel qu'il soit, ne peut que soutenir les prétentions de l'une ou l'autre des parties sans avoir le droit de modifier l'objet du recours. Mais cette restriction ne l'empêche pas d'invoquer ses propres moyens et arguments.

3. **Jonctions d'affaires.** — La Cour et le Tribunal peuvent, à tout moment, ordonner la jonction de plusieurs affaires pendantes portant sur une même matière. Cette possibilité, à laquelle il est possible de recourir aussi bien dans le cadre des recours directs que dans celui de la procédure préjudicielle, est d'un emploi fréquent ainsi qu'en témoigne le nombre d'arrêts portant plusieurs numéros. En dehors même des cas où les juridictions communautaires ordonnent une jonction, il leur arrive souvent d'organiser leurs travaux de telle sorte que des affaires qui soulèvent des problèmes identiques (par exemple un recours en manquement visant une disposition nationale à propos de laquelle une juridiction a posé une question préjudicielle) soient plaidées le même jour ou à des dates rapprochées. Les avocats généraux eux-mêmes prononcent parfois des conclusions communes à plusieurs affaires non jointes.

4. **Incidents liés à la mise en œuvre du partage des compétences entre la Cour et le Tribunal.** — La coexistence de la Cour et du Tribunal engendre inévitablement des risques d'erreurs quant au choix de la juridiction compétente. Le remède prévu est très simple : si l'une des deux juridictions constate qu'elle a été saisie

d'une affaire qui relève de la compétence de l'autre, elle la lui renvoie. Lorsque ce renvoi est effectué par la Cour, il s'impose au Tribunal, ce qui prévient tout conflit négatif de compétence.

Il peut arriver, par ailleurs, que deux affaires qui ont le même objet, qui soulèvent la même question d'interprétation ou mettent en cause la validité du même acte soient introduites simultanément devant la Cour et le Tribunal, alors même que les règles de compétence qui régissent ces juridictions sont respectées. Une telle hypothèse se produit, par exemple, lorsqu'un acte fait l'objet de deux recours en annulation, l'un introduit par un particulier devant le Tribunal, l'autre introduit par un État devant la Cour. Il en va de même lorsque la validité d'un acte est contestée à la fois dans le cadre d'un recours préjudiciel et dans le cadre d'un recours en annulation formé par un particulier. La règle procédurale alors applicable est souple puisqu'elle prévoit que chacune des deux juridictions saisies peut suspendre la procédure jusqu'à ce que l'autre rende son arrêt. Lorsque les deux procédures visent à l'annulation du même acte, le Tribunal peut même se dessaisir au profit de la Cour. La suspension et le dessaisissement n'étant qu'une faculté, il n'est évidemment pas exclu que deux arrêts contradictoires soient néanmoins rendus. C'est alors l'usage du pourvoi qui permettra d'assurer l'unité de la jurisprudence.

III. — **Les procédures d'urgence (référé)**

Les recours formés devant la Cour ou le Tribunal n'entraînent pas la suspension des actes ou arrêts attaqués, lesquels continuent de produire leurs effets pendant toute la durée de la procédure. Or certains de ces effets peuvent être définitifs, de sorte que l'annulation de l'acte ou de l'arrêt ne permettra pas de remettre la situation en l'état. Cet inconvénient est atténué par la possibilité, donnée à la Cour et au Tribunal par les articles 185 et 186 du traité CE, d'ordonner le sursis à l'exécution de l'acte communautaire ou de l'arrêt en cause et de prescrire les mesures provisoires nécessaires.

Ces mesures provisoires, qui sont beaucoup plus rarement sollicitées que les sursis, sont très diverses. Il peut s'agir, par exemple, d'une injonction adressée à la Commission d'instaurer des mesures transitoires en attendant l'arrêt qui statuera sur la validité de la suppression d'un régime d'aides, ou d'une injonction adressée à un État de suspendre les effets d'une réglementation nationale à propos de laquelle un recours en manquement a été introduit. On remarquera que, dans ce dernier cas, le juge a paradoxalement plus de pouvoirs dans le cadre du référé que dans celui du recours principal en manquement, lequel ne peut aboutir qu'à un arrêt déclaratoire.

Le sursis ne peut être demandé que par celui qui a attaqué l'acte par le moyen d'un recours devant la Cour ou le Tribunal ou qui a formé contre l'arrêt une tierce opposition ou un pourvoi. Les autres mesures provisoires peuvent être sollicitées par n'importe quelle partie. Dans tous les cas la Cour ou le Tribunal doit être déjà saisi du recours principal, qui peut être n'importe quel recours direct. En revanche, le référé ne peut se greffer sur un recours préjudiciel car c'est alors au seul juge national, saisi de l'affaire au principal, qu'il appartient d'ordonner d'éventuelles mesures provisoires, par exemple de suspendre les effets d'une loi qui lui apparaît comme pouvant être contraire aux dispositions de droit communautaire dont il demande l'interprétation.

Trois conditions cumulatives doivent être réunies pour que le sursis ou une autre mesure provisoire puisse être accordée. Il faut d'abord que le recours principal n'apparaisse pas, à première vue, irrecevable ou mal fondé. Tel serait le cas, par exemple, si la mesure provisoire était sollicitée dans le cadre d'un recours en annulation formé contre une décision de la Commission de ne pas recourir à une procédure en manquement. Il faut ensuite que la mesure apparaisse comme nécessaire pour éviter qu'un préjudice grave et irréparable ne soit occasionné à la personne qui la sollicite. Le préjudice n'est pas irréparable s'il est tel que l'aboutissement du recours principal permettra, le cas échéant, de rétablir intégralement les droits du requérant. Il en va notamment ainsi pour la plupart des préjudices pécuniaires, qui peuvent généralement être réparés soit par le versement ou la restitution des sommes litigieuses, augmentées d'intérêts de retard, soit par des dommages-intérêts. Enfin, le juge des référés met généralement en balance les intérêts du requérant et ceux du défendeur ou des tiers.

IV. — Les voies de recours

Les arrêts du Tribunal de première instance peuvent faire l'objet d'un pourvoi devant la Cour, laquelle dispose alors de pouvoirs analogues à ceux d'une cour de cassation. En revanche aucune juridiction n'est habilitée à contrôler les arrêts de la Cour elle-même. Mais la Cour, comme le Tribunal, peuvent être amenés, dans certaines circonstances exceptionnelles, à réexaminer l'un de leurs arrêts.

1. **Les pourvois contre les décisions du Tribunal.** — Les décisions du Tribunal qui mettent fin à l'instance ainsi que celles qui tranchent partiellement le litige au fond ou qui mettent fin à un incident de procédure portant sur une exception d'incompétence ou d'irrece-

vabilité peuvent faire l'objet d'un pourvoi devant la Cour. Le pourvoi doit être formé dans un délai de deux mois à compter de la notification de la décision attaquée. Il n'a pas d'effet suspensif, sauf à l'égard des arrêts qui annulent une décision générale.

Le pourvoi doit être limité aux questions de droit et ne peut avoir pour effet d'étendre l'objet du litige. Si l'affaire soumise au Tribunal portait, par exemple, sur une demande d'annulation d'une décision de la Commission, le requérant ne saurait y ajouter, dans le cadre du pourvoi, une demande d'indemnité. Le requérant n'est même pas admis à soulever des moyens nouveaux, à l'exception, évidemment, de ceux par lesquels il critique la décision du Tribunal. Ces derniers ne peuvent être tirés que de l'incompétence du Tribunal, d'irrégularités de procédure devant le Tribunal portant atteinte aux droits de la partie requérante ou de la violation du droit communautaire par le Tribunal.

Il en résulte que la Cour ne saurait remettre en cause l'appréciation des faits effectuée par le Tribunal. En revanche elle contrôle leur qualification juridique. Si, par exemple, un fonctionnaire communautaire réclame une allocation scolaire pour une période pendant laquelle l'un de ses enfants a fait un stage à la Commission, la Cour ne peut remettre en cause le fait, constaté par le Tribunal, que l'intéressé a bien effectué ce stage. Mais elle est compétente pour rejuger la question de savoir si ce stage peut être qualifié de « fréquentation régulière d'un établissement d'enseignement » au sens du statut des fonctionnaires et donner droit, en conséquence, au versement d'une allocation.

Si la Cour estime que l'un des motifs utilisés par le Tribunal est erroné en droit mais que le reste de la motivation suffit à justifier la décision, elle rejette le pourvoi. Allant même plus loin, il lui arrive de substituer un nouveau motif au motif erroné lorsque ce dernier était le seul susceptible de justifier la décision. Cette pratique, qui ne peut se fonder explicitement sur aucun texte et qui a pour effet de soustraire un moyen au principe du double degré de juridiction, permet de « sauver » un certain nombre de décisions et d'éviter ainsi un allongement excessif des procédures.

Lorsque la Cour considère que le pourvoi est fondé, elle peut statuer elle-même définitivement sur le litige si celui-ci est en état d'être jugé. Il en va ainsi, notamment, lorsque la Cour considère que c'est à tort que le Tribunal a déclaré non fondé un moyen d'annulation d'une décision. En général elle peut alors en déduire elle-même que la décision doit être annulée. Mais très souvent la Cour doit renvoyer l'affaire devant le Tribunal, afin que celui-ci se prononce sur des moyens qu'il n'avait pas eu l'occasion d'examiner. Si, par exemple, elle considère que c'est à tort que le Tribunal a jugé un recours en annulation irrecevable, elle doit lui renvoyer l'affaire afin qu'il l'examine au fond. En cas de renvoi, le Tribunal est évidemment lié par les points de droit tranchés par la Cour.

Moins d'un arrêt sur cinq est frappé de pourvoi. Autant dire que le Tribunal inspire confiance aux justiciables. Cette confiance est justifiée puisque, dans leur très grande majorité, les pourvois sont rejetés.

2. **Les autres voies de recours.** — Ainsi qu'il a été indiqué, les autres voies de recours revêtent un caractère exceptionnel. Certaines d'entre elles permettent à la Cour ou au Tribunal de rectifier une erreur matérielle entachant une décision (par exemple l'inversion de deux noms ou une erreur de calcul), de statuer sur un chef de conclusion qui a été oublié ou d'interpréter un de leurs arrêts. Ces voies de recours ne tendent pas à faire rejuger l'affaire mais plutôt à rendre la décision plus conforme au sens que son auteur a voulu lui donner (ou, dans le cas de

l'omission de statuer, qu'il lui aurait donné s'il n'avait omis un chef de conclusion).

Les recours qui tendent à voir modifier l'arrêt au fond sont limités aux hypothèses dans lesquelles la juridiction qui l'a rendu n'avait pas alors connaissance de tous les éléments du litige. Ainsi une partie peut faire un recours en révision lorsqu'un fait susceptible de modifier la décision et antérieur à celle-ci n'a été révélé que postérieurement. De même lorsque le défendeur a été régulièrement mis en cause mais qu'il a omis de déposer des conclusions, il lui reste possible de faire opposition à l'arrêt, c'est-à-dire de demander à ce que l'affaire soit jugée à nouveau par la même juridiction mais, cette fois, contradictoirement. Enfin la tierce-opposition est ouverte à ceux qui n'ont pas été appelés dans l'affaire et n'étaient pas en mesure d'y intervenir spontanément, ainsi qu'à ceux qui, ayant été appelés, ont été empêchés d'y participer par une raison de force majeure. Elle n'est recevable que si son auteur démontre que l'arrêt qu'il attaque lui a causé un préjudice.

Chapitre IV

LA COUR DE JUSTICE, MOTEUR ET RÉGULATEUR D'UNE COMMUNAUTÉ DE DROIT

Du fait de la mission que lui impartit le traité de Rome et des différentes voies de recours qu'il aménage, la Cour de justice était, d'une certaine manière, amenée à exercer une fonction à objet constitutionnel. En effet, les traités fondateurs des Communautés attribuant à celles-ci un certain nombre de compétences et distribuant le pouvoir entre différentes institutions, il allait revenir à la Cour de contrôler à la fois le respect de la répartition des compétences entre la Communauté et les États membres et le respect de l'organisation du pouvoir au sein des institutions. Cette constatation ne signifie pas pour autant que la Cour de Luxembourg allait devenir une véritable cour constitutionnelle ; la Communauté européenne ne disposant pas d'une constitution, acte fondateur exprimant un pouvoir constituant originaire, la Cour de justice ne peut elle-même se transformer en une cour constitutionnelle.

Et pourtant les lignes de force de la jurisprudence de la Cour permettent d'employer ce qualificatif dans un sens plus fort qu'une analogie simplement technique avec les systèmes internes.

S'agissant tout d'abord tant des compétences communautaires que du pouvoir des institutions, la Cour de justice allait en contrôler la répartition à l'aune de la dynamique de l'intégration, notion qui se voyait ainsi conférer le rôle d'un « principe constitutionnel de base » (Denys Simon, *Le système juridique communautaire,* p. 39) assurant la cohérence du système. D'autre part, en contribuant à la formation d'un ordre juridique autonome et hiérarchisé, la Cour allait tendre à promouvoir une sorte de norme fondamentale, condition *sine qua non* d'un système « constitutionnel ».

Parallèlement à ces deux tendances jurisprudentielles, la Cour de Luxembourg allait aussi construire une véritable jurisprudence protectrice des particuliers en s'appuyant notamment sur la reconnaissance, au profit de ces derniers, de droits fondamentaux, pourtant absents des traités.

La liaison entre ces trois lignes de force jurisprudentielles est exprimée par un arrêt du 23 août 1986, Les Verts c/ Parlement (aff. 294/93, *Rec.,* p. 1357), dans lequel la Cour assimile les traités à « la Charte constitutionnelle d'une Communauté de droit ». Une véritable Communauté de droit suppose en effet que les droits fondamentaux des individus soient protégés, ce qui implique le respect, par les institutions, d'une hiérarchie des normes, laquelle suppose à son tour une norme fondamentale à statut quasi constitutionnel.

La fonction la plus significative de la Cour de justice réside donc dans ce rôle moteur et régulateur d'une Communauté de droit, que traduisent ces trois lignes de force jurisprudentielles.

I. — **Un contrôle du pouvoir favorable à l'intégration**

1. **La répartition des compétences entre la Communauté et les États membres.**

A) *Une conception extensive des compétences de la Communauté.* — Ainsi qu'on l'a vu, la Communauté a le pouvoir d'adopter des actes ayant une force obligatoire. Mais ce pouvoir normatif n'est évidemment pas général. Les institutions communautaires ne peuvent l'exercer que dans la limite des objectifs fixés par les traités, par exemple l'établissement d'un marché intérieur ou la mise en œuvre d'une politique commerciale commune, et en ayant recours aux moyens prévus à cette fin, lesquels varient d'un objectif à l'autre. En d'autre termes, tout règlement, directive ou décision doit nécessairement entrer dans le champ d'application d'un article du traité.

Cependant ce champ d'application est généralement interprété de manière extensive par la Cour de justice, laquelle considère notamment que, au-delà de leur formulation expresse, certaines dispositions du traité confèrent des pouvoirs implicites à la Communauté.

On sait, par exemple, que la politique migratoire vis-à-vis des pays tiers ne figure pas parmi les compétences communautaires. Pourtant la Cour de justice a reconnu la légalité d'une décision qui organisait, entre les États membres, une procédure d'échange d'informations et de concertation dans ce domaine, en considérant qu'une telle décision pouvait se fonder sur l'article 118 du traité, lequel confère à la Commission la mission de promouvoir une collaboration étroite entre les États membres dans le domaine social (arrêt du 9 juillet 1987, Allemagne, France, Pays-Bas, Danemark, Royaume-Uni c/ Commission, aff. 281, 283, 284, 285 et 287/85, *Rec.*, p. 3203). Selon la Cour, en effet, « la situation de l'emploi et, en termes plus généraux, l'amélioration des conditions de vie et de travail à l'intérieur de la Communauté, sont susceptibles d'être affectées par la politique suivie par les États membres à l'égard de la main-d'œuvre en provenance de pays tiers ». Il s'agit, on le voit, d'une interprétation particulièrement extensive de l'article 118.

Mais c'est dans le domaine des relations extérieures de la Communauté que cette approche a produit ses conséquences les plus spectaculaires. La Cour considère ainsi que, en dehors même des cas envisagés par le traité (par exemple les accords tarifaires et commerciaux prévus à l'article 113 ou les accords d'association prévus à l'article 238), la Communauté peut conclure des accords internationaux lorsque de tels accords apparaissent nécessaires pour mettre en œuvre une compétence interne. Ce principe a été posé pour la première fois dans l'arrêt du 31 mars 1971, Commission c/ Conseil (dit « AETR », aff. 22/70, *Rec.,* p. 263), où la Cour s'est fondée sur les dispositions du traité qui chargent le Conseil d'établir des règles communes en matière de transports et sur le fait que ces règles communes sont notamment applicables aux transports internationaux exécutés au départ ou à destination d'un État membre, pour en déduire que la Communauté avait compétence pour conclure des accords internationaux dans ce domaine. Il a été réaffirmé depuis à diverses reprises.

La Communauté n'a pourtant que des compétences d'attribution et celles qui ne lui ont pas été attribuées restent réservées aux États. Cependant la Cour considère que l'application de ce principe ne doit pas porter atteinte à l'effet utile du traité. Aussi admet-elle que la Communauté puisse adopter des mesures qui relèvent de son domaine de compétence mais qui produisent des conséquences dans des domaines réservés à la compétence des États membres.

Elle a, par exemple, jugé que le fait que la politique de l'enseignement et de la formation relevait de la compétence des États n'empêchait pas qu'un règlement communautaire puisse prévoir que les enfants des ressortissants d'un État membre employés sur le territoire d'un autre État membre devront être admis aux cours d'enseignement général et de formation professionnelle dans les mêmes conditions que les enfants des ressortissants de l'État d'accueil (CJCE, 3 juillet 1974, Casagrande, aff. 9/74, *Rec.,* p. 773). Une telle disposition a en effet pour but de supprimer l'un des obstacles qui sont susceptibles de limiter la liberté de circulation des travailleurs. Or, la réalisation de cette liberté est évidemment l'un des domaines dans lesquels la Communauté a compétence.

En elle-même l'interprétation extensive des compétences communautaires a pour effet de restreindre les compétences réservées aux États. Une autre restriction, plus directe, provient du souci que manifeste la Cour de veiller à ce que les États n'empiètent pas sur les compétences communautaires lorsqu'ils exercent leurs propres compétences.

B) *La limitation corrélative des compétences des États membres.* — Lorsque la Communauté est compétente, il s'agit le plus souvent d'une compétence concurrente, ce qui signifie, selon la Cour, que les États membres sont habilités à intervenir tant que et dans la mesure où les institutions n'ont pas encore exercé leurs compétences pour remplir les objectifs qui leur sont assignés par les traités. Cependant cette réserve de compétence ne saurait permettre aux États de porter atteinte aux principes et règles communautaires déjà en vigueur.

Ainsi le fait que, en l'état actuel du droit communautaire, la matière des impôts directs ne relève pas, en tant que telle, du domaine de compétence de la Communauté n'implique pas que les États puissent, en violation du principe qui interdit les discriminations fondées sur la nationalité, adopter des législations fiscales qui désavantagent les ressortissants des autres États membres (CJCE, 14 février 1995, Schumacker, aff. C-279/93, *Rec.*, p. I-225).

Par ailleurs la Cour de justice a été amenée à considérer que, dans un certain nombre de cas, les compétences de la Communauté étaient exclusives par nature, ce qui signifie que les États ne sont pas autorisés à intervenir dans le domaine considéré.

Tel est le cas, par exemple, de la politique commerciale commune, laquelle « a été conçue pour la défense de l'intérêt global de la Communauté, à l'intérieur duquel les intérêts particuliers des États membres doivent trouver à s'ajuster mutuellement » (CJCE, avis du 11 novembre 1975, 1/75, *Rec.*, p. 1355). En l'espèce, la Cour en a déduit que seule la Communauté avait compétence pour négocier, dans le cadre de l'OCDE, un accord concernant les prêts à l'exportation consentis par les États.

La conception qui sous-tend ici la démarche de la Cour s'inspire de la théorie de l'effet utile, dont on trouve de nombreuses applications en droit international public. La Cour de justice y recourt elle-même fréquemment, même si ce n'est pas toujours de manière explicite. Mais elle lui donne généralement une portée qui dépasse largement celle que les autres juridictions internationales lui ont reconnue.

Dans une acception étroite, en effet, la directive de l'effet utile conduit simplement à interpréter les dispositions des traités de façon à leur donner un sens qui ne les rende pas inutiles. Elle se fonde sur une considération de bon sens, à savoir que les auteurs d'un acte juridique ont entendu que cet acte produise un certain effet.

Cette considération n'est pas étrangère au raisonnement de la Cour, mais celle-ci va plus loin. Elle ne se contente pas de rejeter les interprétations qui feraient perdre ou affaibliraient l'effet utile des textes en cause, mais privilégie l'interprétation dont l'effet utile est le plus grand. Surtout, elle combine cette directive d'interprétation avec le recours à la méthode dite « téléologique », c'est-à-dire l'interprétation fondée sur la finalité des textes. La recherche de l'effet utile suppose en effet que l'on détermine quel est l'effet qu'il convient d'assurer. Il faut, en quelque sorte, trouver un terme de référence. Or, à cet égard, la Cour privilégie très nettement la finalité des dispositions auxquelles il faut donner de l'effet. Certes, il s'agit bien, comme dans la théorie classique de l'effet utile, de remonter, par un raisonnement inductif, à la volonté des auteurs du traité. Mais l'originalité de la démarche tient ici à la double fonction de la Cour de justice, qui n'est pas chargée seulement d'assurer le respect du droit dans l'application du traité mais également, en sa qualité d'institution, de contribuer à la réalisation des tâches confiées à la Communauté. Aussi ne s'estime-t-elle pas strictement tenue par le respect du principe de souveraineté, qui conduit les juridictions internationales classiques à interpréter étroitement les engagements des États mais considère, au contraire, que les finalités d'intégration du traité autorisent des interprétations qui limitent la souveraineté des États. C'est dans le même esprit qu'elle exclut généralement de se référer aux travaux préparatoires des traités et ne détermine les buts poursuivis par les textes qu'elle interprète qu'en se fondant sur leur contenu même et sur la logique de l'ensemble du système.

Ainsi, dans l'avis 1/75, elle considère que la politique commerciale commune est conçue, dans le perspective du fonctionnement du marché commun, pour la défense de l'intérêt global de la Communauté et c'est en tenant compte de cette finalité qu'elle estime que l'existence de compétences parallèles des États membres serait contraire à l'effet utile de cette politique.

Cette interprétation est confortée par l'utilisation de la référence systématique, dont on trouve également de nombreuses autres applications dans la jurisprudence de la Cour. Il faut entendre par là que les dispositions du droit communautaire ne doivent pas être interprétées isolément mais en fonction de la place qu'elles occupent dans le système global. En l'occurrence, la politique commerciale commune est l'un des instruments mis à la disposition de la Communauté européenne. L'existence de positions divergentes dans ce domaine ébranlerait, de manière générale, les rapports de confiance que doivent entretenir les États membres et fausserait l'équilibre institutionnel.

Au demeurant la Cour applique la notion d'effet utile dans une perspective évolutive et non de manière statique. Loin de se référer seulement aux buts restant à atteindre, elle tient compte du processus d'intégration déjà accompli. La notion d'effet utile est alors utilisée pour empêcher une remise en cause des acquis.

Un bon exemple de cette démarche peut être trouvé dans l'arrêt AETR, précité, dans lequel la Cour s'est fondée sur le fait que la Communauté avait commencé d'adopter des règles destinées à réaliser la politique commune en matière de transport pour en déduire que les États membres ne pouvaient plus prendre dans ce domaine des mesures qui affecteraient les règles ainsi posées. Au lieu de se référer à la volonté, réelle ou supposée, des auteurs du traité, la Cour tire les conséquences de la législation déjà existante. D'inductif, le raisonnement devient ici véritablement déductif. Si l'on veut bien se souvenir de ce que, dans ce même arrêt, la Cour tirait de la compétence interne de la Communauté le pouvoir de conclure des accords internationaux, il faut constater que, par un raisonnement en deux étapes, elle conclut à l'incompétence des États pour passer des accords internationaux dans un domaine où la Communauté a commencé d'exercer ses compétences internes.

C) *Un contrôle exercé au regard des principes de proportionnalité et de subsidiarité.* — La jurisprudence de la Cour de justice a accompagné, en l'accentuant, l'évolution, voulue par les États, qui a conduit à l'élargissement du domaine d'action communautaire et à la limitation corrélative des compétences étatiques. La crainte que ce phénomène a pu susciter a conduit les auteurs du traité de Maastricht à introduire dans ce dernier des dispositions visant à réguler l'exercice des compétences communautaires, que le même traité avait par ailleurs pour effet d'élargir. Ces dispositions sont, d'une part, l'article 3 B, troisième alinéa, du traité CE, qui entérine et généralise le principe de proportionnalité que la Cour de justice avait déjà dégagé, et, d'autre part, l'article 3 B, deuxième alinéa, du même traité, qui pose expressément le principe de subsidiarité.

Depuis fort longtemps, la Cour exige, au nom du principe de proportionnalité, que toute charge imposée aux destinataires des règles communautaires soit limitée à la mesure strictement nécessaire pour atteindre l'objectif recherché et requiert aussi peu de sacrifices que possible de la part des opérateurs qu'elle grève. En application du même principe, elle vérifie que les États qui font usage du droit de déroger, dans certains cas, aux règles communautaires normalement applicables, usent de ce droit de manière mesurée.

En inscrivant le principe de proportionnalité dans le traité de Maastricht, les États ne l'ont pas seulement consacré solennellement. Ils lui ont également donné une portée plus générale. Il n'a plus seulement pour fonction de protéger les opérateurs économiques mais également celle d'empêcher la Communauté d'empiéter de manière excessive sur la liberté des États. On peut supposer que la Cour sera amenée à contrôler si, pour atteindre son objectif, la Communauté n'aurait pas pu choisir un autre instrument juridique moins contraignant pour ces derniers (par exemple une directive plutôt qu'un règlement).

Quant au principe de subsidiarité, il signifie que la Communauté ne doit agir que « si et dans la mesure où les objectifs de l'action envisagée ne peuvent être réalisés de manière suffisante par les États membres et peuvent donc, en raison des dimensions ou des effets de l'action envisagée, être mieux réalisés au niveau communautaire ». Les deux principes interviennent donc à deux stades différents. Le premier conditionne le déclenchement d'une action communautaire tandis que le second détermine son ampleur. En elle-même l'idée de subsidiarité n'est pas nouvelle si l'on veut bien considérer que les auteurs du traité de Rome ont précisément confié à la Communauté des tâches qui ne pouvaient être réalisées au niveau de chaque État : suppression des obstacles à la libre circulation, politique commerciale commune, etc. Cependant le critère avait alors une fonction purement politique en ce sens qu'il présidait à l'élaboration des règles de droit tout en étant lui-même dépourvu de force juridique. Tel n'est plus le cas aujourd'hui. Une mesure communautaire n'est désormais légale que si elle satisfait au double critère d'une insuffisance de l'action des États et d'une plus grande efficacité au niveau de la Communauté.

La Cour de justice a déjà eu l'occasion de faire application du principe de subsidiarité dans un arrêt du 12 novembre 1996, Royaume-Uni c/ Conseil (aff. C-84/94, non encore publié au *Recueil*), où il s'agissait d'apprécier la validité d'une directive ayant pour objet de fixer des prescriptions minimales en matière d'aménagement du temps de travail. En acceptant d'examiner si ce texte ne violait pas le principe de subsidiarité, la Cour a clairement affirmé que ce dernier était susceptible d'un contrôle juridictionnel. Mais elle a également laissé apparaître les limites de ce contrôle. En l'espèce, la Cour s'est en effet contentée de relever que l'harmonisation des dispositions nationales relatives à la durée du travail ne pouvait être atteinte qu'à travers une action menée au niveau communautaire. Cette affirmation n'est guère contestable et la conclusion est pratiquement inévitable dès lors que l'on ne discute pas, en amont, la nécessité d'harmoniser les conditions relatives à la durée du travail. Il est vrai que le principe de cette harmonisation est prévu par le traité lui-même.

De manière générale la mise en œuvre du principe de subsidiarité suppose généralement une appréciation politique, économique et sociale d'une situation souvent complexe. La jurisprudence relative au contrôle du principe de proportionnalité montre que, dans de telles hypothèses, la Cour se montre réticente à exercer un contrôle poussé sur l'opportunité des choix effectués. Cette attitude a d'ailleurs été rappelée explicitement dans l'arrêt du 12 novembre 1996, où la Cour avait également à examiner la validité de la directive au regard du principe de proportionnalité. Il en ira probablement de même en ce qui concerne le principe de subsidiarité et on peut supposer que la Cour veillera surtout à ce que l'acte ne soit pas entaché d'une erreur manifeste d'appréciation et que la référence au principe de subsidiarité apparaisse clairement dans les motifs. Une autre limite est posée par l'article 3 B lui-même, qui exclut du champ d'application du principe les domaines qui relèvent des compétences exclusives de la Communauté.

2. **L'organisation des pouvoirs au sein des institutions.** — Les progrès accomplis dans l'intégration européenne pouvaient difficilement ne pas s'accompagner d'une augmentation des pouvoirs accordés au Parlement européen, dans la mesure où il s'agit de l'institution qui s'apparente le plus à celles auxquelles on associe généralement l'image de la légitimité démocratique au sein de chacun des États membres. En ce sens, l'augmentation du rôle du Parlement est

l'une des conditions auxquelles sont soumis les progrès de l'intégration. Or, la Cour de justice a joué à cet égard un rôle non négligeable, en veillant soigneusement à ce que ses pouvoirs ne soient pas bafoués. Mais elle s'est également montrée soucieuse d'efficacité et a donné aux règles de procédure une souplesse permettant de faire face à une législation communautaire que le processus d'intégration rend de plus en plus abondante.

A) *Le choix de la base juridique et la défense des prérogatives du Parlement européen.* — Les règles de procédure applicables à l'élaboration des textes communautaires varient suivant la base juridique retenue. Dans certains cas l'unanimité des membres du Conseil est requise et le Parlement est simplement consulté ; dans d'autres cas, la majorité suffit, mais le Parlement a alors les moyens de s'opposer au texte (procédure dite de « codécision ») ou d'obliger le Conseil à se prononcer à l'unanimité (procédure dite de « coopération »). Le rôle de la Commission varie lui-même d'une procédure à l'autre. On comprend donc que le choix de la base juridique n'est pas une question purement formelle puisque de lui dépend souvent le contenu du texte adopté. La Cour de justice a eu l'occasion d'indiquer que ce choix ne pouvait résulter simplement de l'opinion du Conseil ou se justifier par une pratique antérieure, mais devait obéir à des critères objectifs, tels que le but et le contenu de l'acte (arrêt du 26 mars 1987, Commission c/ Conseil, aff. 45/86, *Rec.*, p. 1493).

Dans le cadre de ce contrôle, la Cour se montre particulièrement soucieuse de protéger les prérogatives du Parlement européen. Notamment elle considère que ce n'est pas seulement l'exercice effectif des prérogatives qui doit être assuré, mais le droit du Parlement à les exercer. Le fait, par exemple, que le Parlement ait été consulté alors que la procédure choisie ne le prévoyait pas n'empêche pas la Cour d'annuler le texte en cause si elle estime qu'il aurait dû être adopté sur une base imposant la consultation (arrêt du 2 mars 1994, Parlement c/ Conseil, aff. 316/91, *Rec.,* p. I-625).

Le pouvoir consultatif du Parlement n'implique évidemment pas que le Conseil doive suivre son avis. Mais il signifie que le texte ne peut pas être adopté avant que l'avis ait été rendu (arrêt du 29 octobre 1980, Roquette, aff. 138/79, *Rec.,* p. 3333). De même la Cour exige que le Parlement soit consulté à nouveau lorsque le texte subit des modifications substantielles qui ne correspondent pas à l'avis qu'il a donné (arrêt du 16 juillet 1992, Parlement c/ Conseil, aff. C-65/90, *Rec.,* p. I-4593).

Bien entendu, la Cour est plus fréquemment amenée à vérifier le respect des prérogatives du Parlement depuis que celui-ci s'est vu reconnaître le droit de former lui-même un recours en annulation. Tout naturellement le Parlement a profité de ce droit pour tenter de renforcer ses prérogatives et la Cour a été amenée à définir les bornes au-delà desquelles le pouvoir des autres institutions serait lui-même mis en cause. C'est ainsi qu'elle a considéré que le fait que le Conseil ne puisse arrêter définitivement sa position avant de recevoir l'avis du Parlement n'impliquait pas qu'il ne puisse entamer déjà l'examen du texte (arrêt du 10 mai 1995, Parlement c/ Conseil, aff. C-417/93, *Rec.,* p. I-1185). La Cour a eu également l'occasion de rappeler que la procédure qui fait intervenir le Parlement ne s'applique qu'aux règlements de base et non aux dispositions d'exécution de ces règlements. Le rôle du Parlement, en effet, est de prendre part à des décisions impliquant des choix politiques mais non de connaître des moindres détails de leur mise en œuvre. C'est pourquoi la Cour a, par exemple, admis la légalité d'un règlement qui prévoyait que le montant en deçà duquel certains marchés de services pourraient faire l'objet d'un appel d'offre restreint serait révisable par le Conseil sans consultation du Parlement (arrêt du 10 mai 1995, Parlement c/ Conseil, précité).

Enfin le Parlement doit faire usage de ses prérogatives dans un esprit de coopération loyale. C'est pourquoi il ne peut se plaindre de ce qu'un texte, qui devait être adopté suivant une procédure d'urgence, soit publié avant même qu'il ait rendu son avis lorsqu'il a lui-même décidé, sans aucun motif sérieux, d'en repousser l'examen au-delà de la date utile (CJCE, 30 mars 1995, Parlement c/ Conseil, aff. C-65/93, *Rec.*, p. I-643).

B) *Le respect de l'équilibre institutionnel.* — La jurisprudence dont il vient d'être fait état reflète le double souci d'assurer un fonctionnement efficace du processus législatif tout en préservant l'équilibre institutionnel au sein du système. On se souvient de ce que cette dernière considération constituait déjà l'un des motifs qui avaient conduit la Cour à reconnaître au Parlement le droit d'agir en annulation.

La notion d'équilibre institutionnel n'implique pas une équivalence des pouvoirs entre les différentes institutions, formule qui n'aurait d'ailleurs aucun sens, mais s'apparente plutôt à l'idée que chaque institution doit être en mesure de jouer pleinement le rôle qui lui a été attribué, sans empiéter sur celui des autres. Les pouvoirs accordés à chaque institution variant au gré des progrès de la construction communautaire, le point d'équilibre n'est pas fixe et la Cour de justice est amenée à modifier sa jurisprudence pour conserver l'harmonie de l'ensemble du système. L'augmentation des pouvoirs du Parlement européen l'a ainsi conduite, comme on l'a vu, à admettre que les actes de cette institution puissent faire l'objet d'un recours en annulation. Elle s'est par là même donné les moyens de contrôler que l'augmentation de ses pouvoirs ne conduirait pas le Parlement à empiéter sur les prérogatives du Conseil et de la Commission.

On retrouve le principe de l'équilibre institutionnel, combiné avec l'impératif d'efficacité, dans les arrêts portant sur les rôles respectifs de la Commission et du Conseil. La Cour de justice a en effet été amenée à préciser les conditions dans lesquelles le Conseil peut, sur le fondement de l'article 155 du traité, charger la Commission d'exécuter les règles qu'il établit. Elle a ainsi jugé que les délégations peuvent laisser à la Commission de larges pouvoirs d'appréciation (arrêt du 14 mars 1973, Westzucker, aff. 57/72, *Rec.,* p. 321) et même la possibilité d'instaurer des dérogations, dès lors que les objectifs fixés par le Conseil sont respectés (arrêt du 27 septembre 1979, Eridania, aff. 230/78, *Rec.,* p. 2749).

Mais surtout, la Cour a considéré que l'instauration des comités de gestion n'était pas contraire au respect de l'équilibre institutionnel. De quoi s'agit-il ? Il arrive fréquemment que le Conseil, lorsqu'il délègue des pouvoirs d'exécution à la Commission, décide que cette dernière devra soumettre à un comité toutes les mesures qu'elle envisage d'adopter dans le cadre de la délégation. Ce comité est composé d'experts des États membres, qui disposent chacun d'un nombre de voix correspondant à la pondération applicable au sein du Conseil. Si le comité se prononce en faveur de la mesure, celle-ci est adoptée. Dans le cas contraire la Commission doit transmettre son projet au Conseil, qui peut l'entériner. Cette procédure a été critiquée au motif qu'elle porterait atteinte à l'indépendance de la Commission en interposant, entre elle et le Conseil, un organisme non prévu par le traité. Cette critique n'a pas été jugée pertinente par la

Cour. Constatant que les comités de gestion n'avaient pas le pouvoir de prendre une décision au lieu et place de la Commission ou du Conseil, elle a estimé qu'un tel mécanisme permettait à ce dernier de conférer un rôle important à la Commission tout en gardant un certain contrôle sur la manière dont ce pouvoir est utilisé et que, dans ces conditions, il ne faussait pas l'équilibre institutionnel (arrêt du 17 décembre 1970, Köster, aff. 25/70, *Rec.*, p. 1161).

II. — La formation d'un ordre juridique autonome et hiérarchisé

1. Un ordre juridique autonome.

A) *Une conception extensive des sources du droit communautaire.* — Le droit communautaire a naturellement pour source les dispositions du traité et les actes qui y sont mentionnés, qu'il s'agisse des actes unilatéraux (directives, règlements, décisions, recommandations et avis) ou des accords conclus par la Communauté avec des États tiers ou des organisations internationales. Mais la Cour de justice a complété cet ensemble en y ajoutant des sources qui n'étaient pas expressément citées. Notamment elle considère que doivent être intégrés à l'ordre juridique communautaire non seulement les accords internationaux passés par la Communauté, mais également les actes adoptés par les organes créés par de tels accords (voir, par exemple, l'arrêt du 20 septembre 1990, Sevince, aff. C-192/89, *Rec.*, p. I-3461, à propos de décisions prises par le Conseil de l'Association Communauté-Turquie). De manière plus spectaculaire, elle a pu estimer que les accords du GATT conclus par les États membres avant la création de la Communauté européenne liaient cette dernière (arrêt du 12 décembre 1972, International Fruit Company, aff. 21 à 24/72, *Rec.*, p. 1219). Il est vrai qu'il s'agit là du seul cas dans lequel la Cour de justice ait « communautarisé » un accord conclu par les États membres, alors qu'on aurait pu imaginer qu'elle le fasse également pour la Convention européenne des droits de l'homme ou les conventions de l'Organisation internationale du travail. La situation particulière des accords GATT tient notamment au fait qu'ils touchent à un domaine dans lequel les États membres ont transféré leurs compétences à la Communauté.

Mais surtout la Cour de justice a conféré une force obligatoire à un certain nombre de principes généraux du droit, alors même qu'aucune disposition du traité CE ne l'y engageait, si l'on excepte l'article 215 relatif à la responsabilité non contractuelle de la Communauté. Certes, la Cour ne crée pas, à proprement parler, ces principes. Elle se contente d'en constater l'existence, soit qu'il s'agisse de principes déjà consacrés dans d'autres systèmes juridiques, soit qu'ils puissent être déduits de la nature des Communautés. Mais dans tous les cas elle jouit d'une grande liberté à la fois dans le choix des principes qu'elle décide de consacrer et dans la portée qu'elle leur confère.

Ainsi il lui est arrivé de se référer à certains principes du droit international public, par exemple celui qui s'oppose à ce qu'un État refuse à ses propres ressortissants le droit d'avoir accès à son territoire (CJCE, 4 décembre 1974, Van Duyn, aff. 41/74, *Rec.*, p. 1337). Mais la plupart du temps elle les écarte au motif qu'ils ne sont pas compatibles avec la structure et les exigences du système communautaire. Tel est le cas, notamment, du principe selon lequel un État peut se dispenser d'exécuter ses obligations lorsqu'une autre partie ne respecte pas les siennes (CJCE, 13 novembre 1964, Commission c/ Luxembourg et

Belgique, aff. 90 et 91/63, *Rec.,* p. 1217). Un tel principe n'a pas de raison d'être dans un système où les sujets de droit ne sont pas seulement les États et où des procédures spéciales permettent de sanctionner tout manquement.

En revanche, la Cour se réfère fréquemment aux principes communs aux droits des États membres. La formule est en réalité trompeuse car il s'agit généralement de principes qui ne sont pas connus dans tous les systèmes nationaux. Certains, comme le principe de la protection de la confiance légitime, ne sont même appliqués que dans un ou deux États. Autant dire que la Cour les consacre non parce qu'ils font l'objet d'un consensus mais parce qu'ils correspondent particulièrement bien aux besoins de l'ordre juridique communautaire. En cas de besoin elle en adapte d'ailleurs le contenu aux spécificités de la construction européenne.

Enfin la Cour s'inspire des principes consacrés par certaines conventions internationales telles que la Convention européenne des droits de l'homme, la charte sociale européenne ou les conventions de l'OIT (voir *infra*). Mais, là aussi, elle fait de ces textes une application sélective, qui tient compte de la nature de la Communauté.

B) *L'autonomie conceptuelle du droit communautaire.* — Même lorsque le droit communautaire intègre des normes qui n'ont pas été produites à cet effet, telles que celles posées par le GATT ou les principes généraux du droit, sa source reste autonome dans la mesure où le choix des normes se fait en fonction des besoins de l'intégration européenne. Autonome dans ses sources, le droit communautaire l'est également quant au sens des dispositions qui le constituent. Là encore l'autonomie joue en faveur de l'intégration. Le fait de considérer que les termes utilisés dans les textes communautaires doivent avoir un sens distinct de celui qu'ils peuvent recevoir dans des textes de droit interne est déjà, en soi, un moyen d'assurer l'uniformité dans leur application et, par conséquent, l'existence même de la Communauté. Ainsi le principe de la libre circulation des travailleurs serait privé d'une grande partie de son effet si la notion de « travailleur » variait en fonction de la définition qu'en donne chaque État.

Mais la Cour ne se contente pas d'imposer une uniformité de sens. Elle retient, au surplus, un sens qui favorise l'intégration. Par exemple elle englobe dans la notion de « travailleur » les apprentis et les personnes qui interrompent leur activité professionnelle dans le pays d'accueil pour y entreprendre des études universitaires. Cette conception extensive a évidemment pour effet d'étendre le champ d'application du principe de la libre circulation des travailleurs. A l'inverse, la Cour interprète restrictivement les exceptions à ce principe, par exemple la notion d' « administration publique », dont l'accès peut être réservé aux nationaux. De même la Cour a étendu, au-delà de toute prévision, la prohibition des « mesures d'effet équivalant à des restrictions quantitatives aux échanges » en donnant à cette notion un sens qui couvre notamment des réglementations nationales dont il est avéré qu'elles n'ont pas été édictées en vue de restreindre les importations ou les exportations, mais qui pourraient indirectement avoir cet effet. On pourrait multiplier les exemples à l'infini en passant en revue l'ensemble des articles du traité, des règlements et des directives. Mais tel n'est évidemment pas l'objet de cet ouvrage.

Lorsqu'elle procède ainsi, la Cour est manifestement guidée par la finalité générale du traité. Dans d'autres cas la finalité qu'il faut attribuer à un texte est moins évidente et il est alors nécessaire de tenir compte également du contexte qui entoure la disposition interprétée et notamment de la place qu'elle occupe dans le traité.

Ainsi l'article 37 du traité, selon lequel les États doivent aménager leurs monopoles commerciaux de manière à exclure toute discrimination entre les ressortissants des États membres, pourrait être interprété comme une simple application de l'interdiction des discriminations fondées sur la nationalité. Mais la Cour, considérant que cet article fait partie d'un chapitre consacré à « l'élimination des restrictions quantitatives entre les États membres » a estimé qu'il interdisait l'existence d'un monopole pour l'importation de certains produits, alors même qu'un tel monopole serait applicable de la même manière aux importateurs nationaux et étrangers (arrêt du 3 février 1976, Manghera, aff. 59/75, *Rec.*, p. 91). On remarquera que la méthode d'interprétation retenue a, là encore, pour conséquence de renforcer l'effet intégrationniste de la disposition en cause.

C) *L'effet direct du droit communautaire.* — Le droit communautaire ne se caractérise pas seulement par la spécificité de ses sources et son autonomie conceptuelle. Il a également pour particularité de s'intégrer aux ordres juridiques nationaux selon des modalités qui lui sont propres et qui lui confèrent une force considérable.

A la différence de la plupart des traités internationaux, en effet, le droit communautaire n'engage pas seulement les États les uns par rapport aux autres mais donne aux particuliers des droits qu'ils peuvent, sous certaines conditions, invoquer devant les juridictions nationales à l'encontre d'organismes publics ou d'autres particuliers. C'est ce qu'on appelle l'effet direct du droit communautaire. La Cour de justice en a posé pour la première fois le principe dans l'arrêt du 5 février 1963, Van Gend en Loos (aff. 26/62, *Rec.*, p. 3), qui demeure l'un des plus importants qu'elle ait jamais rendus. Il s'agissait alors de savoir si l'article 12 du traité, selon lequel « Les États membres s'abstiennent d'introduire entre eux de nouveaux droits de douane à l'importation et à l'exportation... » était susceptible d'être invoqué par un particulier pour s'opposer au paiement de droits instaurés par un État.

On pouvait en douter dans la mesure où cet article a pour destinataire les États membres et ne mentionne pas les particuliers. De manière générale, d'ailleurs, le traité ne confère expressément un effet direct qu'aux règlements. Cette restriction n'a pas empêché la Cour de considérer qu'un tel effet pouvait également s'attacher à d'autres dispositions. Elle a fondé sa position sur « l'objectif du traité CEE, qui est d'instituer un marché commun dont le fonctionnement concerne directement les justiciables de la Communauté... ». La participation des ressortissants communautaires au fonctionnement de la Communauté par le truchement du Parlement européen et du Comité économique et social confirme, selon la Cour, que le traité s'adresse aux individus et non seulement aux gouvernements. En outre, l'existence de la procédure préjudicielle prévue à l'article 177 montre que les États membres ont entendu étendre la compétence des juridictions nationales à l'application des normes communautaires.

Par la suite la Cour a eu l'occasion de reconnaître un effet direct à une décision adressée aux États membres (arrêt du 6 octobre 1970, Franz Grad, aff. 9/70, *Rec.*, p. 825), à une directive (arrêt du 4 décembre 1974, Van Duyn, aff. 41/74, *Rec.*, p. 1337), aux dispositions d'un accord international conclu par la Communauté (arrêt du 5 février 1976, Bresciani, aff. 87/75, *Rec.*, p. 129) et même aux décisions prises par un organe créé par un accord international (arrêt du 20 septembre 1990, Sevince, aff. C-192/89, *Rec.*, p. I-3461).

Reste que l'effet direct ne s'attache pas à l'ensemble des normes communautaires mais seulement à celles qui sont « inconditionnelles et suffisamment précises ». A vrai dire la Cour ne distingue pas clairement entre ces deux critères mais les examine de manière globale en considérant qu'ils ne sont pas remplis dès lors que la disposition est subordonnée à une mesure ultérieure comportant un pouvoir discrétionnaire soit des organes de la Communauté, soit des États membres, soit des uns et des autres.

Les dispositions qui énoncent une interdiction, tel l'article 12 du traité, entrent dans cette catégorie puisqu'elles ne requièrent pas de mesure positive de mise en œuvre. Il en va logiquement de même des dispositions qui prescrivent l'application du traitement national à tous les ressortissants communautaires. Ainsi l'article 52, alinéa 2, du traité, qui stipule que « la liberté d'établissement comporte l'accès aux activités non salariées et leur exercice... dans les conditions définies par la législation du pays d'établissement pour ses propres ressortissants » s'est vu reconnaître un effet direct. Quant aux dispositions qui requièrent des mesures de mise en œuvre, elles peuvent avoir un effet direct si elles ne laissent aucune marge d'appréciation à l'autorité chargée de l'exécution. Tel est le cas, par exemple, de l'article 95, alinéa 3, du traité, qui prescrit aux États d'éliminer ou de corriger leurs dispositions fiscales qui défavorisent les produits importés des autres États membres. En revanche, l'article 118 A, § 1, selon lequel « Les États membres s'attachent à promouvoir l'amélioration, notamment du milieu de travail, pour protéger la sécurité et la santé des travailleurs et se fixent pour objectif l'harmonisation, dans le progrès, des conditions existant dans ce domaine » a un caractère purement programmatique, qui s'oppose à ce qu'il soit appliqué tel quel par une juridiction nationale.

Les directives ont plus rarement un effet direct puisque, selon la définition même qu'en donne l'article 189, « elle(s) lie(nt) tout État membre destinataire quant au résultat à atteindre, tout en laissant aux instances nationales la compétence quant à la forme et aux moyens ». Il s'agit donc d'une technique de législation indirecte, qui renvoie nécessairement à des mesures d'application. Pourtant certaines directives contiennent des dispositions qui apparaissent aussi précises et inconditionnelles que celles des règlements.

A titre d'exemple on peut citer l'article 3, § 1, de la directive 76/207 du Conseil, du 9 février 1976, selon lequel « l'application du principe de l'égalité de traitement implique l'absence de toute discrimination fondée sur le sexe dans les conditions d'accès aux emplois et postes de travail, quel que soit le secteur ou la branche d'activité, et à tous les niveaux de la hiérarchie professionnelle ».

Cependant l'effet direct qui s'attache aux dispositions précises et inconditionnelles des directives n'est pas aussi complet que celui que peuvent avoir les règlements et les articles du traité. D'une part il n'est susceptible de jouer que dans le cas « pathologique » où la directive n'est pas correctement exécutée alors que le délai fixé pour sa mise en œuvre est expiré. Dans le cas contraire, les effets de la directive atteignent les particuliers par l'intermédiaire des mesures d'application prises par l'État concerné (CJCE, 19 janvier 1982, Becker, aff. 8/81, *Rec.*, p. 53). Ce sont alors ces mesures et elles seules que les particuliers peuvent invoquer devant les juridictions.

D'autre part, l'effet direct des directives est seulement vertical, et non horizontal, en ce sens qu'il ne peut être invoqué qu'à l'encontre des États qui en sont destinataires et non contre des particuliers (CJCE, 26 février 1986, Marshall, aff. 152/84, *Rec.*, p. 723). Il s'agit, en quelque sorte, de sanctionner l'État défaillant en l'empêchant de se prévaloir de sa carence à mettre en œuvre la directive. Une telle considération ne saurait évidemment jouer à l'encontre d'un particulier. Cependant la notion d'État doit être comprise ici dans un sens très large puisqu'il faut entendre par là non seulement l'administration centrale mais également les collectivités locales et les organismes qui sont soumis à l'autorité publique ou qui disposent de pouvoirs exorbitants par rapport à ceux qui résultent des règles applicables dans les relations entre particuliers. En outre, le fait que l'État ou la collectivité locale ait agi en qualité d'employeur et non pas en tant qu'autorité publique n'empêche pas que la directive puisse être invoquée à son encontre.

En ce qui concerne les dispositions des accords internationaux conclus par la Communauté, la Cour ne se contente pas d'examiner leur libellé mais analyse également l'objet et la nature de l'accord dans son ensemble.

C'est ainsi qu'elle a reconnu un effet direct à l'article 53 de l'accord d'association avec la Grèce en se fondant à la fois sur le texte de cet article (identique à celui de l'article 95 du traité CE) et sur le fait qu'il s'insérait dans un ensemble de dispositions ayant pour objet de préparer l'entrée de la Grèce dans la Communauté (arrêt du 29 avril 1982, Pabst et Richarz KG, aff. 17/81, *Rec.*, p. 1331). Autrement dit il ne suffit pas que la disposition d'un accord reprenne un article du traité ayant un effet direct pour que cette disposition ait elle-même un effet direct. Là encore la disposition s'interprète en fonction de sa finalité et du contexte dans lequel elle se situe.

2. **Un ordre juridique hiérarchisé.** — Les sources du droit communautaire étant variées, la Cour a naturellement été amenée à hiérarchiser les différentes normes qui en sont issues. En considérant, par ailleurs, que ces normes s'intégraient aux ordres juridiques nationaux, elle a dû préciser la place qu'elles y occupent.

A) *La hiérarchisation des normes communautaires.* — Le traité CE n'établit pas, entre les normes qu'il édicte, une hiérarchie aussi claire et complète que celle qu'on peut trouver, par exemple, dans le système français. Par ailleurs, la pratique a conduit les institutions communautaires à recourir à des actes non dénommés dans les traités ou à des variantes d'actes dénommés. Dans ces conditions la Cour a été amenée à préciser la valeur juridique respective des actes utilisés.

Au sommet de la hiérarchie se trouvent les traités et les principes généraux du droit. S'agissant des traités, la Cour de justice les a, à plusieurs reprises, qualifiés de « Charte constitutionnelle de la Communauté » (arrêt

Les Verts, précité, mais aussi avis 1/96, du 26 avril 1977, Fonds européen d'immobilisation de la navigation intérieure, *Rec.*, p. 74 ; ordonnance du 13 juillet 1990, Zwartweld, aff. C 2/88 Imm., *Rec.*, p. 3365, avis 1/91, du 14 décembre, Espace économique européen, *Rec.*, p. 6070). Viennent ensuite les actes issus des engagements conventionnels des Communautés, c'est-à-dire à la fois les accords qu'elles ont conclus et les conventions signées antérieurement par les États membres et intégrées à l'ordre juridique communautaire (CJCE, 12 décembre 1972, International Fruit Company, aff. 21 et 24/72, *Rec.*, p. 1219). Ces actes conventionnels sont eux-mêmes supérieurs aux actes unilatéraux des institutions (voir, par exemple, CJCE, 10 mars 1992, NMB c/ Commission, aff. C-188/88, *Rec.*, p. I-1689). La conséquence de cette hiérarchie est évidemment qu'un acte qui s'avère contraire à une norme de rang supérieure est invalide.

En revanche, le traité n'établit aucune hiérarchie au sein des actes unilatéraux des institutions. Pour autant tous les règlements ne sauraient être placés sur le même plan. D'une part, ceux que la Commission adopte ont le plus souvent pour objet d'exécuter, en vertu de l'article 155 du traité, les règles établies par le Conseil. D'autre part, le Conseil a pris l'habitude d'étager son propre pouvoir normatif en fixant dans un règlement de base les règles générales et permanentes applicables à la matière concernée et dans des règlements postérieurs d'exécution les mesures d'application et d'adaptation. Cette pratique, qui permet d'adopter suivant une procédure simplifiée les règlements appartenant à la seconde catégorie, a été entérinée par la Cour de justice (arrêt du 17 décembre 1970, Otto Scheer, aff. 30/70, *Rec.*, p. 1197). Mais les règlements d'exécution, qu'ils émanent du Conseil ou de la Commission, doivent très logiquement respecter le contenu des règlements de base (CJCE, 10 mars 1971, Tradax, aff. 38/70, *Rec.,* p. 145). Le même principe s'applique à l'hypothèse, beaucoup plus rare, d'un règlement pris pour l'application d'une directive (CJCE, 17 septembre 1996, Cooperativa Agricola Zootecnica S. Antonio e.a., aff. C-246 à C-249/94, *Rec.,* p. 4373).

B) *La primauté du droit communautaire sur le droit d'origine interne.* — Les traités communautaires ne contiennent aucune disposition prévoyant qu'ils doivent l'emporter sur le droit d'origine interne. Dès lors on pouvait soutenir qu'il appartenait à chaque État de fixer lui-même le rang auquel le droit communautaire devait s'insérer dans son ordre juridique et, de fait, certaines juridictions nationales ont commencé par décider qu'en cas de conflit entre une norme communautaire et une norme interne la plus récente devait l'emporter. Une telle approche donnait aux États membres la possibilité d'annihiler les effets du droit communautaire en édictant des règles internes ayant une valeur juridique supérieure ou même égale à celles des normes communautaires. Aussi la Cour l'a-t-elle rapidement écartée en posant dans l'arrêt Costa, du 15 juillet 1964 (aff. 6/64, *Rec.,* p. 1141), le principe de la primauté du droit communautaire sur les ordres juridiques nationaux.

Ce principe est, là encore, fondé sur la notion d'effet utile puisqu'il s'agit d'empêcher que le droit communautaire soit privé de son caractère obligatoire. Mais cette conception se combine avec une lecture téléologique du traité. L'objectif d'intégration, que poursuit la Communauté, ne peut en effet être réalisé que si le droit communautaire est respecté de manière uniforme dans l'ensemble des États membres. Autrement dit l'exigence d'uniformité ne saurait être ignorée sans que le caractère communautaire de ce droit disparaisse.

La primauté étant ainsi une condition existentielle, elle découle de la nature propre de la Communauté et non des dispositions constitutionnelles des États membres. Elle signifie que toute norme communautaire l'emporte sur toute norme nationale, même postérieure. Elle joue quels que soient la nature ou le rang du texte national (constitution, loi, décret, arrêté) et du texte communautaire (traité, règlement, directive, décision) respectivement en cause. C'est parce que la primauté joue même à l'égard des normes ayant une valeur constitutionnelle qu'une juridiction nationale ne peut pas écarter un règlement communautaire au motif qu'il serait contraire à un principe résultant de la loi fondamentale allemande (CJCE, 17 décembre 1970, Internationale Handelsgesellschaft, aff. 11/70, *Rec.*, p. 1125).

C'est également en vertu du principe de primauté que les États membres doivent respecter les principes généraux du droit reconnus par la Cour de justice lorsqu'ils prennent des mesures entrant dans le champ d'application du droit communautaire.

Un exemple, tiré de l'arrêt du 10 juillet 1984, Kirk (aff. 63/83, *Rec.*, p. 2689), permettra de saisir tout l'intérêt de cette exigence. En 1983, le Royaume-Uni avait pris une mesure restreignant, sous peine de sanctions pénales, le droit, pour les navires danois, de pêcher dans les eaux territoriales britanniques. A l'époque où elle fut prise, cette mesure était contraire à la réglementation communautaire. Les contrevenants ne devaient donc pas être poursuivis. Par la suite un nouveau règlement communautaire a été adopté, dont on pouvait penser qu'il rendait la mesure légale. Ce règlement fut doté d'un effet rétroactif. La Cour a néanmoins jugé que ce caractère rétroactif de la nouvelle réglementation communautaire, s'il n'était pas en lui-même illégal, ne pouvait avoir pour conséquence de rendre légale l'application de sanctions pénales aux agissements antérieurs. En décider autrement eût conduit en effet à porter atteinte au principe général de la non-rétroactivité des sanctions pénales.

Cependant les autorités nationales ne sont tenues de respecter les principes généraux du droit dégagés par la Cour que lorsque les mesures qu'elles prennent entrent dans le champ d'application du droit communautaire.

La Cour de justice a eu l'occasion de rappeler cette condition dans l'arrêt du 4 octobre 1991, Grogan (aff. C-159/90, *Rec.*, p. I-4685), à propos d'une disposition de la constitution irlandaise qui interdisait de fournir aux femmes enceintes des informations sur les cliniques étrangères pratiquant l'interruption volontaire de grossesse. Des personnes poursuivies pour avoir violé cette interdiction faisaient valoir que la disposition en cause était notamment contraire au principe de la liberté d'expression et d'information. La Cour de justice a estimé que les défendeurs agissaient de manière totalement indépendante, et non pour le compte des cliniques sur lesquelles elles fournissaient des informations. Dès lors que leur activité était ainsi dénuée de tout caractère économique, elle ne pouvait être considérée comme une prestation de service au sens de l'article 59 du traité. Dans ces conditions, il n'y avait pas lieu de vérifier si la disposition en cause respectait les principes généraux du droit communautaire.

Sans le principe de primauté, l'effet direct du droit communautaire perdrait une grande partie de sa force puisque chaque État pourrait s'y soustraire par un acte législatif opposable aux textes communautaires. Ayant posé le principe de l'effet direct, la Cour devait donc, pour lui assurer un effet utile, le compléter par celui de la primauté. Pris ensemble, les deux principes confèrent au droit communautaire toute sa force et son originalité. Ils le constituent en un ordre juridique propre, qui s'intègre au système juridique des États membres.

III. — La Cour de justice et la protection des particuliers

Accessible aux particuliers, la Cour de Luxembourg devait développer son rôle de protectrice de leurs droits. Elle devait, pour cela, s'en donner les moyens : la catégorie des principes généraux du droit allait lui servir non seulement à dégager des règles protectrices mais aussi à les placer à un niveau élevé de la hiérarchie normative. Puis la Cour de justice allait s'employer à renforcer les garanties juridictionnelles offertes aux particuliers en vue d'un bonne application du droit communautaire.

1. **La reconnaissance de principes généraux du droit destinés à protéger les particuliers.** — La plupart des principes généraux du droit que reconnaît la Cour de justice ont pour conséquence, sinon pour seul but, de protéger les particuliers. Tel est notamment le cas de ceux qui ressortissent à la notion de sécurité juridique. Ainsi le principe de la protection de la confiance légitime protège les administrés contre la modification, avec effet immédiat et sans avertissement préalable, des réglementations existantes. C'est au nom de ce principe, par exemple, que la Cour de justice a annulé un règlement qui introduisait des quotas laitiers dont le mode de calcul était tel qu'il pénalisait excessivement les producteurs qui, avant l'adoption du nouveau texte, avaient cessé temporairement leur activité afin de bénéficier de primes communautaires (CJCE, 28 avril 1988, Von Deetzen, aff. 170/86, *Rec.*, p. 2355). Le principe de la confiance légitime s'impose également lors de l'adoption des actes auxquels leur auteur prétend conférer un effet rétroactif. La rétroactivité porte évidemment atteinte à la sécurité juridique et c'est pourquoi elle n'est admise qu'à la condition que le but à atteindre l'exige et que la confiance légitime des intéressés soit respectée (CJCE, 25 janvier 1979, Racke, aff. 98/78, *Rec.*, p. 69).

C'est aussi l'impératif de sécurité juridique qui commande que les mesures nationales de transposition des directives résultent de textes ayant une véritable force obligatoire et non de simples pratiques administratives, par nature modifiables (CJCE, 6 mai 1980, Commission c/ Belgique, aff. 102/79, *Rec.*, p. 1473). En juger autrement reviendrait à admettre que les particuliers puissent ne pas connaître exactement l'état du droit qui leur est applicable.

La Cour de justice veille également au respect des droits de la défense en considérant qu'ils ne s'appliquent pas seulement lorsqu'un texte les organise (de tels textes sont nombreux en ce qui concerne les procédures applicables aux fonctionnaires de la Communauté ou relatives à la poursuite des infractions aux règles de concurrence), mais, plus généralement, dans toute procédure ouverte à l'encontre d'une personne et susceptible d'aboutir à un acte lui faisant grief.

Tel est le cas, par exemple, lorsque la Commission décide qu'un bateau appartenant au ressortissant d'un État tiers ne pourra plus pêcher dans les eaux de la Communauté au motif qu'il a enfreint les dispositions d'un accord passé entre la Communauté et cet État. Une telle décision ne peut être prise sans que le propriétaire du bateau ait été entendu (CJCE, 29 juin 1994, Fiskano c/ Commission, aff. C-135/92, *Rec.*, p. I-2885). Cet exemple montre que les principes généraux du droit peuvent avoir pour effet de protéger non seulement les ressortissants communautaires, mais également ceux des autres pays.

Mais surtout, la Cour de justice a donné valeur de principes généraux du droit à un certain nombre des droits fondamentaux de la personne. Contrairement à la plupart des constitutions nationales, le traité CE ne contient pas de catalogue des droits fondamentaux. Cette lacune s'explique par le caractère essentiellement économique de la construction européenne, du moins à son stade initial. Il n'en demeure pas moins que l'importance des pouvoirs conférés aux institutions communautaires rend possible une atteinte aux droits fondamentaux, même en dehors de la sphère économique. Or, comme on l'a vu, le principe de la primauté du droit communautaire sur le droit national exclut que les juridictions des États membres contrôlent la conformité des actes des institutions aux dispositions contenues dans les constitutions nationales ou leur préambule. Ce vide juridique a suscité des réactions, notamment de la part de la Cour constitutionnelle allemande, qui, dans un arrêt célèbre du 29 mai 1974 (connu sous l'appellation *Solange*), a estimé qu'il lui appartenait de déclarer inapplicables des textes communautaires qui seraient contraires aux droits fondamentaux garantis par la constitution, du moins aussi longtemps *(solange)* que la Communauté ne disposerait pas d'une liste codifiée des droits.

Cette réserve constitue l'une des raisons qui ont conduit la Cour de justice à considérer que les droits fondamentaux font partie des principes généraux du droit dont elle assure le respect. Pour déterminer leur contenu, elle s'inspire des traditions constitutionnelles communes aux droits des États membres, mais également des instruments internationaux concernant la protection des droits de l'homme auxquels les États membres ont coopéré ou adhéré. Parmi ces instruments figure au premier chef la Convention européenne des droits de l'homme, dont certaines dispositions se trouvent ainsi prises en compte dans l'ordre juridique communautaire, même si la Cour continue de considérer qu'elle ne lie pas la Communauté puisqu'elle n'a pas été signée par elle (la solution adoptée est donc différente de celle relative au GATT). La Cour constitutionnelle allemande a d'ailleurs pris acte de cette jurisprudence et levé en conséquence ses réserves dans un arrêt du 22 octobre 1986.

Cependant l'intégration de la Convention européenne des droits de l'homme doit tenir compte de l'objectif général poursuivi par la Communauté, lequel peut conduire à limiter l'exercice de ces droits, dès lors qu'il n'est pas porté atteinte à leur essence même. Cette démarche est facilitée par le fait que, dans la plupart des cas, les dispositions de la Convention européenne des droits de l'homme envisagent elles-mêmes que des dérogations puissent être apportées aux droits qu'elles consacrent.

Ainsi la Cour de justice a-t-elle pu s'appuyer sur les termes mêmes du protocole additionnel de la Convention pour estimer que le caractère fondamental du droit de propriété ne s'oppose pas à ce qu'un règlement interdise toute plantation nouvelle de vigne, dès lors qu'une telle mesure apparaît comme nécessaire pour poursuivre un objectif légitime (la lutte contre les excédents de vin) et qu'elle ne prive pas les intéressés de la propriété de leurs terres mais en limite seulement l'usage (arrêt du 13 décembre 1979, Hauer, aff. 44/79, *Rec.,* p. 3727). De même l'article 8 de la Convention, qui pose notamment le principe du respect du domicile, énumère-t-il les conditions dans lesquelles il peut y être porté atteinte. Aussi la Cour de justice a-t-elle pu constater que la possibilité, donnée à la Commission, d'effectuer chez les opérateurs économiques et sans notification préalable, des vérifications destinées à détecter d'éventuelles infractions au droit de la concurrence, entrait dans le cadre des dérogations permises (CJCE, 26 juin 1980, National Panasonic, aff. 136/79, *Rec.,* p. 2033). En revanche les article 6 et 13 de la Convention, qui posent le principe du droit à un recours juridictionnel effectif, ne contiennent aucune disposition limitative. En s'appuyant sur ce principe, la Cour a jugé, par exemple, qu'un État ne pouvait conférer le caractère de preuve irréfragable au certificat d'un ministre énonçant que les conditions d'une dérogation au principe de l'égalité de traitement entre hommes et femmes étaient remplies (CJCE, 15 mai 1986, Johnston, aff. 222/84, *Rec.,* p. 1651).

Bien que la Cour de justice tienne compte de la jurisprudence de la Cour européenne des droits de l'homme, il arrive qu'elle ne donne pas tout à fait le même sens que cette dernière à certaines dispositions de la Convention. Ainsi dans l'arrêt du 21 septembre 1989, Hoechst (aff. 46/87 et 227/88, *Rec.,* p. 2859), elle a estimé que l'article 8 de la Convention ne s'applique pas aux locaux commerciaux, contrairement à ce que devait juger la Cour de Strasbourg dans l'arrêt Niemitz, du 16 décembre 1992.

Même si ces divergences ouvertes sont extrêmement rares, elles constituent l'un des arguments que l'on peut invoquer à l'appui d'une adhésion de la Communauté européenne à la Convention européenne des droits de l'homme, adhésion à laquelle sont favorables un certain nombre d'États (dont la France ne fait pas partie), ainsi que la Commission et le Parlement européens. Une telle adhésion aurait logiquement pour effet de soumettre les actes communautaires au contrôle de la Cour européenne des droits de l'homme et d'obliger la Cour de justice à suivre l'interprétation de la Convention donnée par cette dernière. Celle-ci pourrait également contrôler que les procédures suivies devant la Cour de justice et le Tribunal de première instance respectent la Convention européenne des droits de l'homme.

Mais outre les difficultés pratiques (les modalités du contrôle institué par la Convention sont conçues pour des États et non pour des organisations internationales) que le projet soulève, ses adversaires font valoir que la jurisprudence de la Cour de justice assure de manière satisfaisante le respect des droits de l'homme dans le champ d'application du droit communautaire. Au surplus le contrôle que serait amené à exercer la Cour de Strasbourg ne tiendrait pas compte des spécificités du droit communautaire et serait difficilement conciliable avec l'autonomie de l'ordre juridique communautaire, tel que la Cour de justice le conçoit.

Quoi qu'il en soit la perspective de l'adhésion s'est fortement éloignée depuis que la Cour de justice a rendu un avis duquel il ressort que la Communauté n'a aucune compétence pour signer la Convention (avis 2/94, du 28 mars 1996, *Rec.*, p. I-1759). Selon la

Cour, en effet, aucune disposition du traité CE ne confère aux institutions communautaires le pouvoir d'édicter des règles en matière de droits de l'homme ou de conclure des conventions internationales dans ce domaine. Par ailleurs, même si l'on interprète largement l'article 235, celui-ci ne saurait fonder un élargissement des compétences communautaires au-delà du cadre général résultant de l'ensemble des dispositions du traité. Or l'adhésion aurait des implications institutionnelles qui dépasseraient les limites ainsi définies. Le fait que les articles F, J et K du traité de Maastricht stipulent que l'Union européenne respecte les droits fondamentaux garantis par la Convention est sans incidence à cet égard puisqu'il ne s'agit pas de dispositions modificatives du traité CE. La Cour de justice n'est d'ailleurs pas habilitée à en assurer le respect.

La Convention européenne des droits de l'homme n'est pas la seule source d'inspiration en matière de droits fondamentaux. La Cour de justice s'est appuyée également sur la Charte sociale européenne, du 18 novembre 1961, et sur la Convention 111 de l'Organisation internationale du travail pour conférer à l'élimination des discriminations fondées sur le sexe le caractère d'un principe général du droit (CJCE, 15 juin 1978, Defrenne, aff. 149/77, *Rec.,* p. 1365). On remarquera que, contrairement à d'autres principes, ce dernier ne fait que généraliser des dispositions écrites du droit communautaire (en l'espèce l'article 119 du traité, dont la portée est limitée à l'égalité de rémunération, et un certain nombre de directives). Il constitue d'ailleurs lui-même l'expression d'un principe plus général de non-discrimination, dont on peut trouver une autre application à l'article 6 du traité, qui interdit les discriminations exercées en raison de la nationalité.

2. **Le renforcement des garanties juridictionnelles offertes aux particuliers.** — Depuis les arrêts Van Gend en Loos et Costa, la Cour de justice a considérablement développé mais aussi précisé les conséquences que le juge national doit tirer d'une incompatibilité ou d'un risque d'incompatibilité entre une norme interne et un texte communautaire. Certaines de ces conséquences ne sont pas rattachées expressément aux principes de primauté et d'effet direct, mais plutôt à l'article 5 du traité, qui impose aux autorités étatiques (parmi lesquelles figurent les juridictions) de prendre toutes mesures destinées à assurer l'exécution du droit communautaire. Elles sont donc susceptibles de se produire même lorsque les conditions de l'effet direct ne sont pas remplies. Elles découlent cependant de la même idée générale, qui est de donner aux juridictions nationales les pouvoirs les plus grands pour assurer la bonne application du droit communautaire.

C'est ainsi que les juridictions nationales doivent, dans toute la mesure du possible, interpréter le droit interne dans un sens conforme au droit communautaire. Découlant de l'article 5 du traité, cette obligation s'applique même lorsque le texte communautaire en cause n'est pas suffisamment précis et inconditionnel pour produire un effet direct (CJCE, 10 avril 1984, Von Colson et Kamann, aff. 14/83, *Rec.*, p. 1891). Lorsqu'il s'agit d'une directive, l'obligation s'applique même si le litige oppose deux particuliers (voir, par exemple, l'arrêt du 13 novembre 1991, Marleasing, aff. C-106/89, *Rec.*, p. I-4135). En effet, la jurisprudence Marshall, selon laquelle une directive ne saurait, par elle-même créer d'obligation à la charge des particuliers, n'a pas lieu de s'appliquer ici puisque le juge ne fait qu'appliquer le droit interne, quitte à l'interpréter dans un certain sens.

Lorsque le texte national est rédigé de telle manière qu'il n'apparaît pas possible de l'interpréter dans un sens conforme au droit communautaire, le juge national doit le laisser inappliqué. Cet effet d'exclusion joue souvent en matière pénale, où il aboutit généralement à faire disparaître l'incrimination. Ainsi les juridictions françaises ont dû relaxer les personnes poursuivies pour avoir enfreint la réglementation douanière qui exigeait, sous peine de sanctions pénales, une licence pour importer des marchandises en provenance d'autres États membres après que la Cour eut rendu un arrêt permettant d'établir que cette réglementation était contraire à l'article 30 du traité.

Dans de nombreux cas l'application du droit communautaire ne peut être obtenue par la simple élimination des dispositions internes contraires mais suppose que la disposition communautaire produise des conséquences positives. Soit l'exemple suivant, tiré de l'arrêt du 9 novembre 1990, Dekker (aff. C-177/88, *Rec.*, p. I-3941) : une femme se voit refuser un poste auquel elle postulait au motif qu'elle est enceinte. Ce motif est jugé contraire aux articles 2 et 3 de la directive 76/207 du Conseil, relative à la mise en œuvre du principe de l'égalité de traitement entre hommes et femmes en ce qui concerne notamment l'accès à l'emploi. Cependant le refus d'embauche ne résulte pas d'un texte interne, qu'il suffirait d'écarter pour faire respecter la directive. La réparation, qu'elle prenne la forme de l'embauche ou d'une indemnité, doit donc résulter du texte communautaire seul. C'est là l'effet direct au sens le plus plein du terme. Plus encore que l'effet d'exclusion, il suppose que la disposition soit précise et inconditionnelle. En outre et à l'instar de l'effet d'exclusion, il ne peut jouer à l'encontre des particuliers lorsque le texte en cause est une directive. Dans l'exemple cité, l'intéressée ne peut donc obtenir gain de cause que si l'emploi est proposé par un organisme public.

Enfin la protection juridictionnelle des particuliers se traduit également par le droit, que leur reconnaît la Cour de justice, d'obtenir, devant les juridictions nationales, la réparation de certains dommages qu'ils ont pu subir du fait d'une violation du droit communautaire.

Pendant longtemps ce droit à réparation n'a joué que pour les sommes que les États ont perçues en vertu d'un texte national contraire au droit communautaire ou d'un texte communautaire illégal, et qu'ils sont tenus de restituer sous peine d'y être condamnés par les juridictions nationales (CJCE, Humblet, 16 décembre 1960, aff. 6/60, *Rec.*, p. 1125).

Mais récemment la Cour de justice est allée beaucoup plus loin en posant, de manière générale, le principe selon lequel les États membres qui violent le droit communautaire peuvent voir leur responsabilité engagée à l'égard des particuliers. D'abord consacré dans le cas d'un défaut de transposition d'une directive (arrêt du 19 novembre 1991, Francovich et Bonifaci, aff. C-6/90 et C-9/90, *Rec.*, p. I-5357), le principe de responsabilité a ensuite été étendu aux autres cas de violation du droit communautaire et notamment au cas d'une loi nationale contraire au traité (arrêt du 5 mars 1996, Brasserie du pêcheur et Factortame III, aff. C-46/93 et C-48/93, *Rec.*, p. I-1029. Quant aux conditions de mise en œuvre de la responsabilité, elles doivent être semblables à celles qui régissent la responsabilité de la Communauté. Aussi, lorsque la violation résulte d'un acte normatif qui concerne un domaine dans lequel l'État dispose d'un large pouvoir d'appréciation, sa responsabilité n'est engagée que si la violation qu'il a commise est « suffisamment caractérisée », c'est-à-dire si l'État a méconnu, de manière manifeste et grave, les limites qui s'imposent à l'exercice de ses pouvoirs. Pour apprécier ce caractère, il faut tenir compte notamment du degré de clarté et de précision de la règle violée et du caractère intentionnel ou involontaire de l'infraction (voir, à propos d'une directive peu claire, l'arrêt du 26 mars 1996, British Telecommunications, aff. 392/93, *Rec.*, p. I-1631). Ce caractère est en tout cas établi lorsque la violation perdure alors qu'un arrêt de la Cour l'a mise en évidence.

CONCLUSION

Le besoin de voir la Cour de justice remplir un rôle de nature constitutionnelle a toutes les chances de s'accroître à l'avenir, sous l'influence de plusieurs facteurs.

En premier lieu, l'approfondissement de la construction européenne se traduit par une extension des compétences de la Communauté à des domaines (protection de l'environnement, culture, éducation, etc.) dans lesquels la nécessité d'une action commune apparaît de manière moins évidente que lorsqu'il s'agit de réaliser un marché intérieur. Cet approfondissement intervient dans un contexte où l'opinion et, par conséquent, les autorités publiques, sont plus attentives que par le passé aux risques d'une centralisation excessive. Ce souci est également celui de certaines juridictions nationales, et notamment de la Cour constitutionnelle allemande, qui, dans des arrêts récents, s'est réservé la possibilité de remettre en cause le principe de primauté en cas de dérive centraliste. Au reste les dispositions du traité relatives aux nouvelles compétences précisent toutes qu'elles doivent être exercées dans le respect du principe de subsidiarité. Dans ces conditions il est probable que la Cour se verra de plus en plus souvent sollicitée d'arbitrer des litiges relatifs aux rôles respectifs de la Communauté et des États membres. Le nouvel article 3 B du traité lui en donne les moyens, mais on peut se demander si une juridiction, quelle qu'elle soit, a la légitimité et l'aptitude requises pour exercer pleinement un contrôle qui suppose une appréciation politique, économique et sociale d'une situation souvent complexe.

La même pression, et notamment celle qui émane des juridictions nationales, risque de s'exercer en ce qui concerne la protection des droits fondamentaux, lesquels trouveront d'autant plus d'occasions de s'appliquer que la construction européenne n'empruntera plus une voie purement économique.

Quant au contrôle de l'organisation des pouvoirs interne à la Communauté, il se développe d'ores et déjà en raison du nombre et de la complexité croissants des procédures applicables à l'adoption des textes et de la possibilité donnée au Parlement d'agir en annulation. L'influence de ce dernier facteur augmentera si, comme il le souhaite, le Parlement se voit reconnaître le droit de former un recours en dehors des cas où ses prérogatives sont violées.

Cependant l'amplification du rôle constitutionnel de la Cour risque de se heurter à certains obstacles, au point que l'on peut se demander si elle continuera à jouer le rôle de promoteur d'une Communauté de droit. Le premier de ces obstacles tient à son exclusion des affaires non strictement communautaires, parmi lesquelles figurent notamment les mesures prises dans le cadre de la coopération en matière de justice et d'affaires intérieures. Ces mesures touchent très directement aux libertés individuelles et il serait paradoxal qu'elles ne fassent pas l'objet d'un contrôle juridictionnel uniforme sur l'ensemble du territoire de la Communauté. Aussi peut-on se réjouir de ce que le projet de traité d'Amsterdam marque un progrès dans ce sens.

Le deuxième obstacle tient au caractère hybride d'une juridiction qui, outre les fonctions qui viennent d'être décrites, doit également se prononcer sur le classement d'une marchandise dans le tarif douanier commun ou l'interprétation des directives sur la TVA. Ce contentieux plus technique s'accroît en raison du foisonnement législatif de la Communauté, de l'augmentation du nombre d'États membres et de l'imagination débordante des plaideurs, qui se montrent habiles à déceler partout des problèmes de droit communautaire. L'entrée en vigueur de textes nouveaux, tels que le protocole sur l'interprétation de la Convention de Rome, ne fera qu'amplifier le phénomène. Or, la Cour n'a été que partiellement déchargée de ce contentieux non constitutionnel par la création du Tribunal de première instance, lequel est d'ailleurs lui-même confronté à un volume d'affaires dont l'importance et la variété s'accroissent sous l'effet des nouvelles compétences qui lui sont attribuées et de la propension de plus en plus marquée des opérateurs économiques à le saisir. En droit de la concurrence, notamment, les recours n'émanent plus seulement des entreprises condamnées par la Commission mais, pour une large part, des plaignants.

A la difficulté de juger des affaires d'une extrême variété et dont le nombre ne cesse d'augmenter, s'ajouteront les problèmes liés à l'élargissement de l'Union européenne. Il sera sans doute difficile de continuer à calquer le nombre de juges sur celui des États membres lorsque ces derniers seront plus nombreux. Ainsi que la Cour l'a fait observer elle-même dans le rapport qu'elle a adopté en prévision de la conférence intergouvernementale de 1996, « une augmentation importante du nombre des juges serait susceptible de faire franchir à la formation plénière de la Cour la frontière invisible séparant une juridiction collégiale d'une assemblée délibérante ; de plus, dans la mesure où l'essentiel des affaires seraient jugées par des chambres, elle serait de nature à mettre en danger la cohérence de la jurisprudence ».

D'un autre côté, le fait que les traditions juridiques de l'ensemble des États membres soient toutes représentées au sein de la Cour est un élément important de sa légitimité. Or il n'est pas exclu que celle-ci soit davantage contestée à l'avenir qu'elle ne l'a été dans le passé. Jusqu'à présent la Cour a bénéficié de l'accueil globalement favorable qu'une opinion publique, par ailleurs peu informée, a réservé à la construction européenne. Si le rythme et les moyens de l'intégration pouvaient prêter à discussion, l'objectif général n'était pas mis en cause, qui s'appuyait sur l'idéal de réconciliation né après la guerre. Aussi n'est-ce pas tant une certaine conception de la fonction juridictionnelle qui a fait l'objet d'un consensus que le sens général des décisions rendues (voir Renaud Dehousse, *La Cour de justice des Communautés européennes,* notamment p. 110). Au demeurant aucune autre institution communautaire n'avait une légitimité telle qu'elle pût s'opposer à celle de la Cour. Il y a là une conséquence du mode de désignation des organes législatifs communautaires, qui n'incite guère à y voir une émanation de la souveraineté populaire, mais également de l'attitude du Conseil, qui, pendant de nombreuses années, s'est montré fort timide dans la réalisation des objectifs du traité. On doit se souvenir notamment de ce que, à la suite du compromis de Luxembourg (1966), cette institution n'a statué en pratique qu'à l'unanimité. La Cour de justice n'était donc pas susceptible de faire l'objet de critiques comparables à celles dont le Conseil constitutionnel français se voit régulièrement accablé et qui sont d'autant plus virulentes qu'elles sont l'expression d'une controverse entre une majorité et une opposition, configuration encore inconnue dans le système communautaire.

Cependant la situation pourrait changer. Les arrêts de la Cour sont mieux connus et font plus souvent l'objet de critiques appuyées. Tels furent le cas, par exemple, de l'arrêt du 17 mai 1990, Barber (C-262/88, *Rec.,* p. I-1889), dans lequel la Cour a condamné la différence de régime entre les hommes et les femmes pour l'accès aux systèmes nationaux de retraite complémentaire ou de l'arrêt du 17 octobre 1995, Kalanke (aff. C-450/93, *Rec.,* p. I-3051), dans lequel elle s'est prononcée contre le système de discrimination positive en vigueur en Allemagne. De telles critiques risquent de se multiplier si, en raison de l'élargissement des compétences communautaires, la Cour est amenée à trancher davantage de « problèmes de société ». D'un autre côté il peut apparaître souhaitable qu'une Cour dont la fonction constitutionnelle viendrait à s'amplifier intéresse davantage l'opinion publique et y trouve une nouvelle source de légitimité.

En tout état de cause, aucune de ces difficultés n'est insurmontable. Mais il n'est pas exclu qu'une Cour plus nombreuse et moins homogène, soumise à une demande plus grande de régulation juridique du jeu politique en même temps qu'exposée à une critique systématique, se montre plus timide et moins créative que par le passé.

BIBLIOGRAPHIE

PUBLICATIONS DE LA COUR DE JUSTICE

Les publications suivantes peuvent être obtenues auprès de l'Office des publications des Communautés européennes (pour la France : 26, rue Desaix, 75727 Paris, Cedex 15) :

Recueil de textes officiels sur l'organisation, les compétences et la procédure de la Cour.
Bibliographie juridique sur l'intégration européenne.

Les publications suivantes peuvent être obtenues auprès du service « Recherche et documentation » (pour les deux premières) ou du service d'Information (pour les deux suivantes) de la Cour de justice (L-2925 Luxembourg) :

Index des affaires dont la Cour et le Tribunal ont été saisis depuis leur origine.
Notes, références des notes de doctrine aux arrêts de la Cour.
Les activités de la Cour de justice et du Tribunal de première instance (publication hebdomadaire).
Rapport annuel.

L'accès à la base de données informatiques CELEX, qui contient notamment le texte de tous les arrêts de la Cour et du Tribunal, ainsi que les conclusions des avocats généraux, peut être obtenu auprès d'Eurobase (200, rue de la Loi, B-1049 Bruxelles). Depuis le mois d'octobre 1996, un certain nombre d'informations concernant la Cour et le Tribunal (présentation générale de l'institution, composition des chambres, bulletin hebdomadaire du service d'information, etc.) sont accessibles par la voie d'Internet (http://europa.eu.int/cj/index.htm).

OUVRAGES

M.-C. Bergères, *Contentieux communautaires,* PUF, 2e éd., 1994.
J. Boulouis et R.-M. Chevallier, *Grand arrêts de la Cour de justice des Communautés européennes,* t. 1, Dalloz, 6e éd., 1994 ; t. 2, 4e éd., 1991.
M. Darmon, Cour de justice : structure, organisation, fonction, bilan, in *Répertoire de droit communautaire,* Encyclopédie Dalloz.
R. Dehousse, *La Cour de justice des Communautés européennes,* Montchrestien, 1994.
F. Dintilhac, Tribunal de première instance : procédure, in *Répertoire de droit communautaire,* Encyclopédie Dalloz.

W. Hakenberg et C. Stix-Hackl, *Handbuch zum Verfahren vor dem Europäischen Gerichtshof*, Nomos Verlagsgesellschaft, 1996.

R. Kovar, Cour de justice : procédure, in *Jurisclasseur Europe*, Éditions Techniques.

D. Ludet, Tribunal de première instance : composition, attributions, bilan, in *Répertoire de droit communautaire*, Encyclopédie Dalloz.

L. Neville Brown et T. Kennedy, *The Court of Justice of the European Communities*, Sweet & Maxwell, 4e éd., 1994.

F. Picod, Cour de justice : procédure, in *Répertoire de droit communautaire*, Encyclopédie Dalloz.

J. Rideau et F. Picod, *Code de procédures communautaires*, Litec, 1994.

A. Rigaux, Tribunal de première instance, in *Jurisclasseur Europe* (2 fasc.), Éditions Techniques.

J.-L. Sauron, *Droit et pratique du contentieux communautaire*, La Documentation française, 1997.

D. Simon, *Le système juridique communautaire*, PUF, 1997.

BIBLIOGRAPHIE THÉMATIQUE « QUE SAIS-JE ? »

Le droit des Communautés européennes, n° 2067
Les grands arrêts de droit communautaire, n° 3014
Textes institutifs des Communautés européennes, n° 2182
L'Union européenne, n° 2925
La Convention européenne des droits de l'homme, n° 2513

TABLE DES MATIÈRES

Imprimé en France
Imprimerie des Presses Universitaires de France
73, avenue Ronsard, 41100 Vendôme
Juillet 1998 — N° 44 682